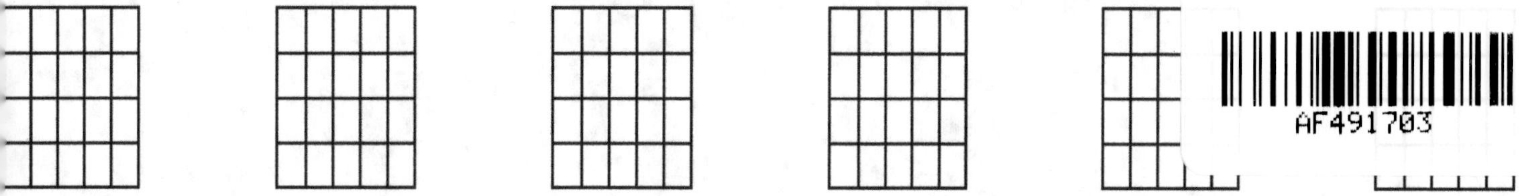

AF491703

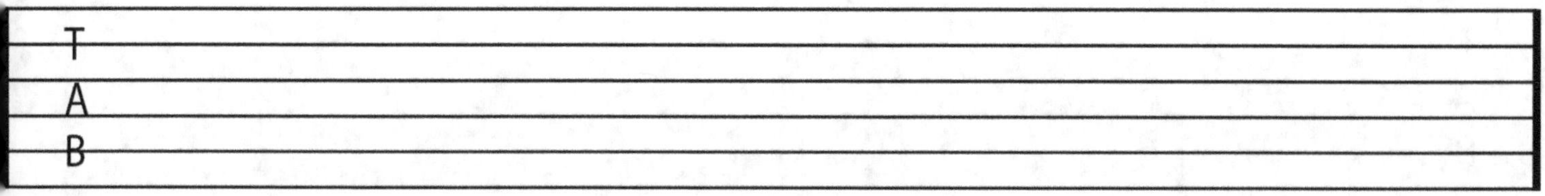

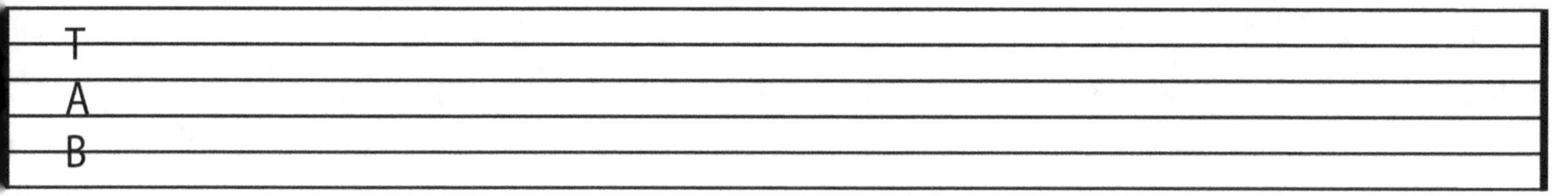

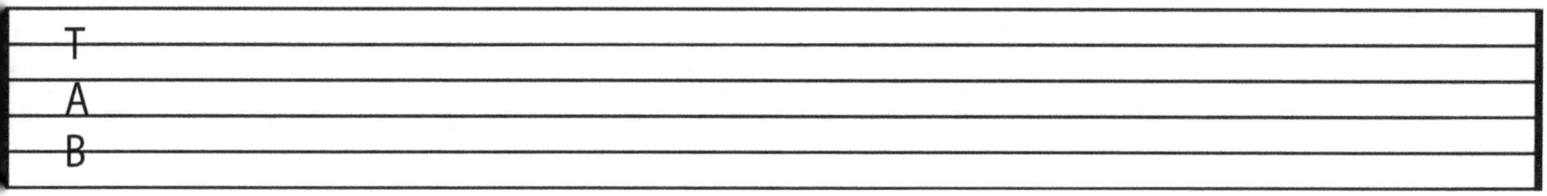

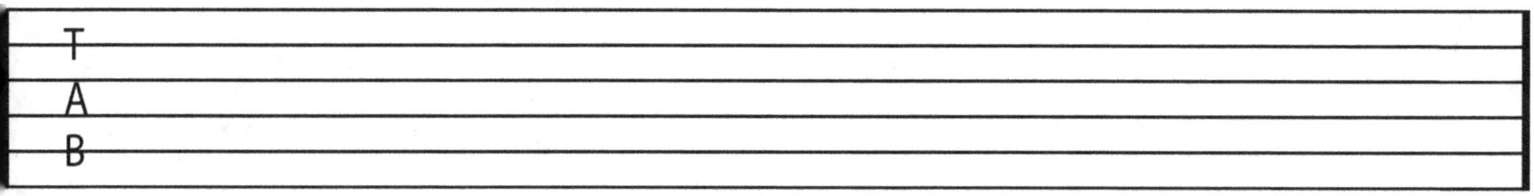

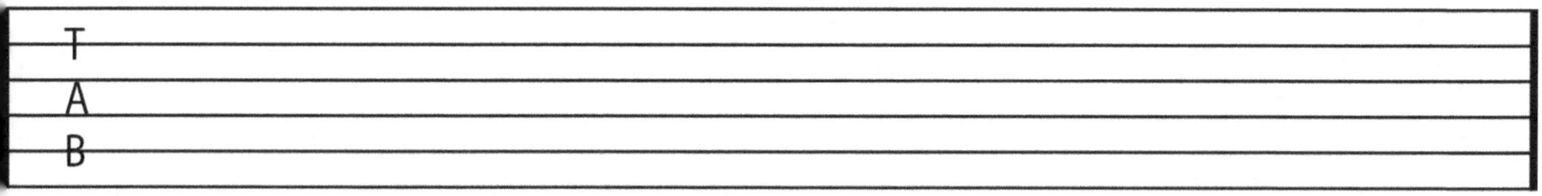

T
A
B

T
A
B

T
A
B

T
A
B

T
A
B

T
A
B

T
A
B

T
A
B

T
A
B

T
A
B

T
A
B

T
A
B

T
A
B

T
A
B

T
A
B

T
A
B

T
A
B

T
A
B

T
A
B

T
A
B

T
A
B

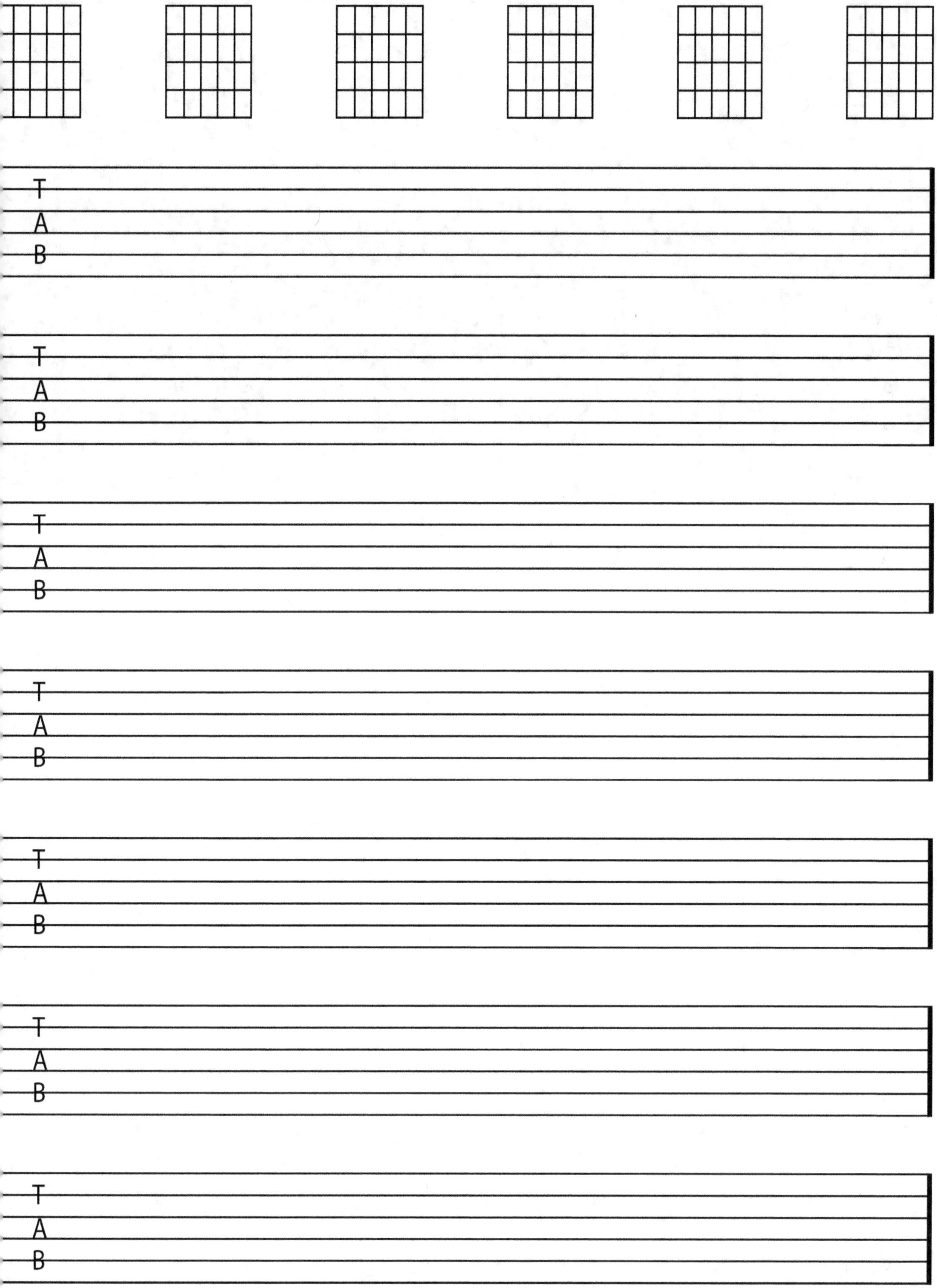

T
A
B

T
A
B

T
A
B

T
A
B

T
A
B

T
A
B

T
A
B

T
A
B

T
A
B

T
A
B

T
A
B

T
A
B

T
A
B

T
A
B

T
A
B

T
A
B

T
A
B

T
A
B

T
A
B

T
A
B

T
A
B

T
A
B

T
A
B

T
A
B

T
A
B

T
A
B

T
A
B

T
A
B

T
A
B

T
A
B

T
A
B

T
A
B

T
A
B

T
A
B

T
A
B

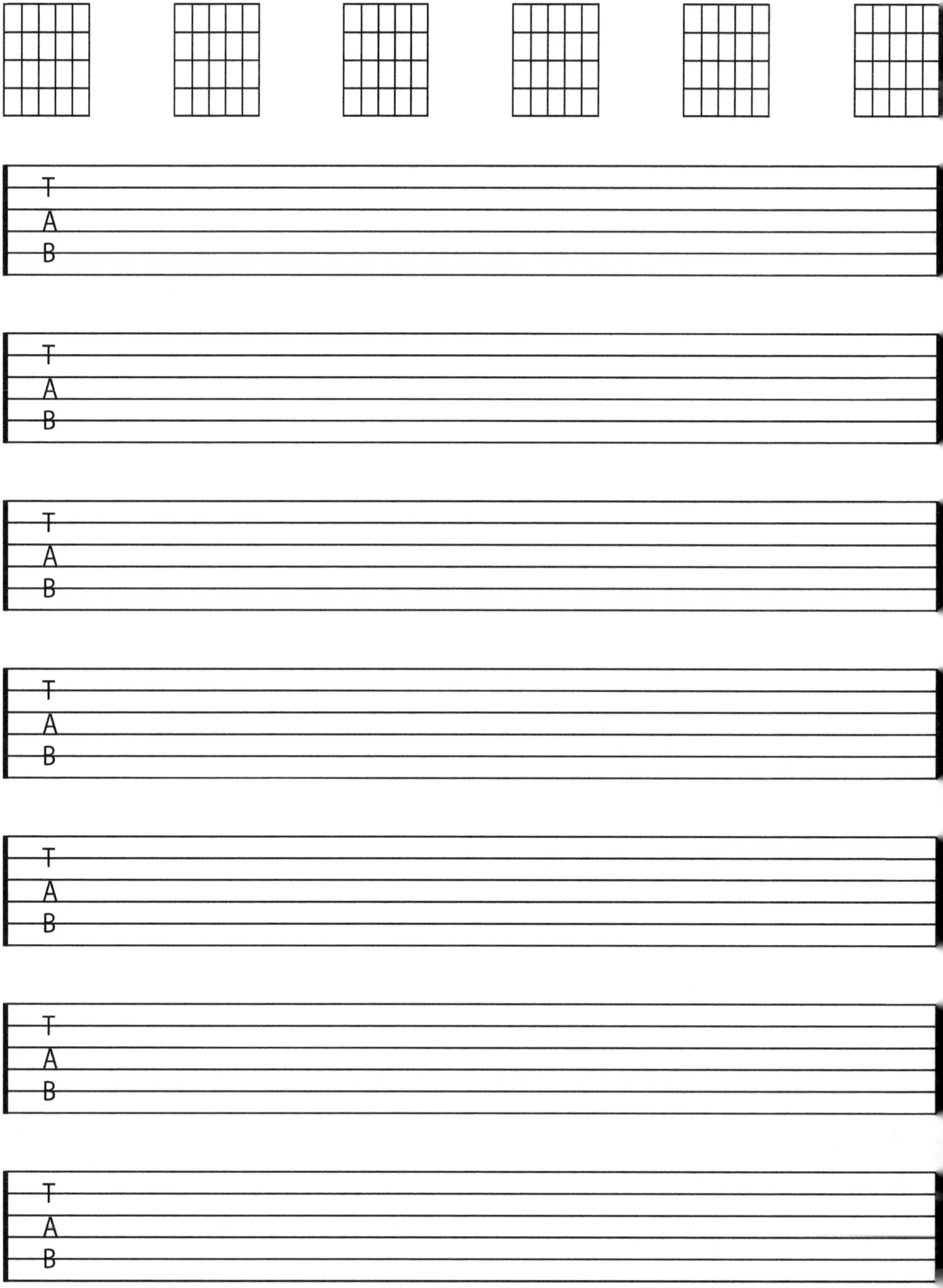

T
A
B

T
A
B

T
A
B

T
A
B

T
A
B

T
A
B

T
A
B

T
A
B

T
A
B

T
A
B

T
A
B

T
A
B

T
A
B

T
A
B

T
A
B

T
A
B

T
A
B

T
A
B

T
A
B

T
A
B

T
A
B

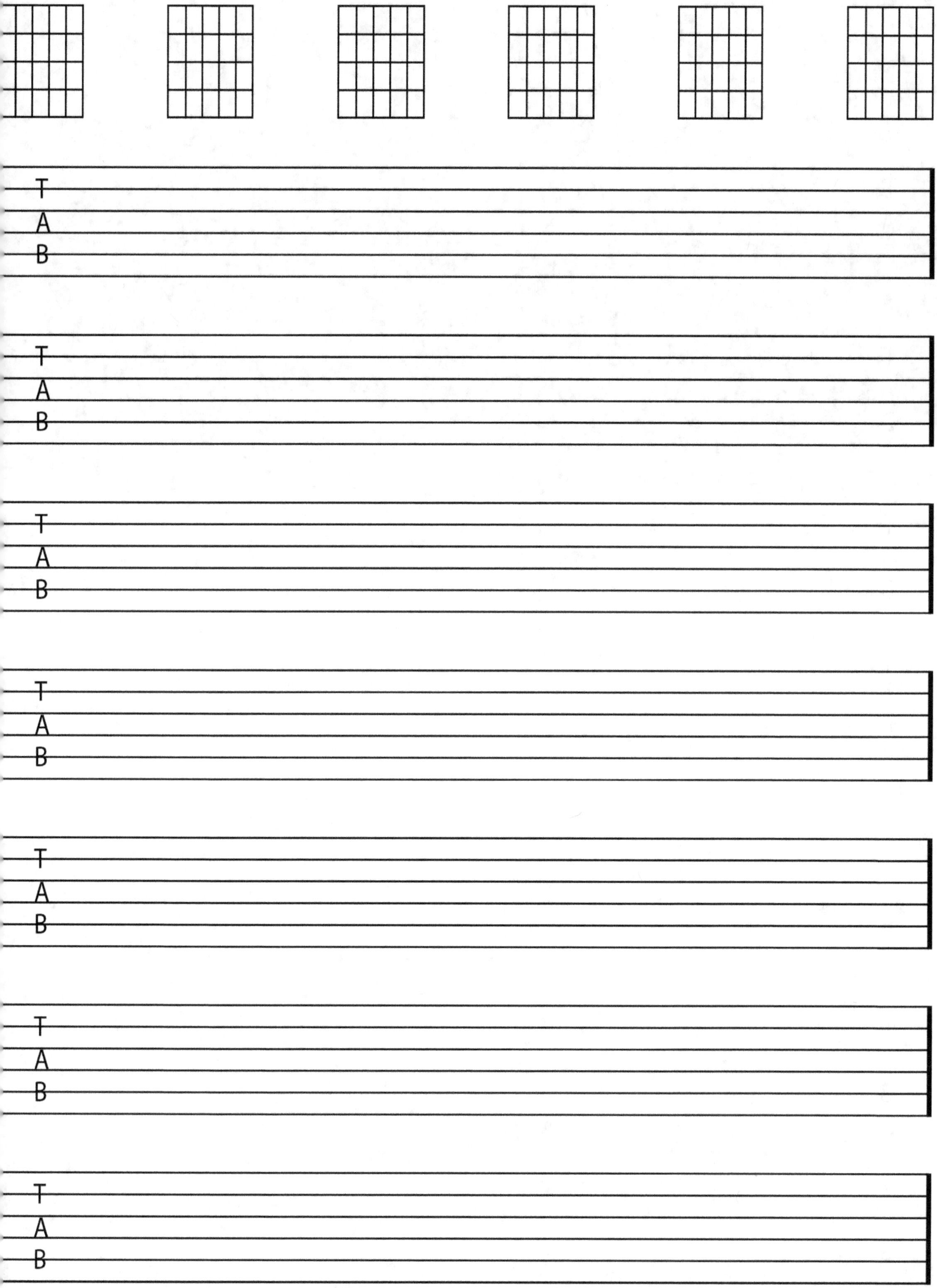

T
A
B

T
A
B

T
A
B

T
A
B

T
A
B

T
A
B

T
A
B

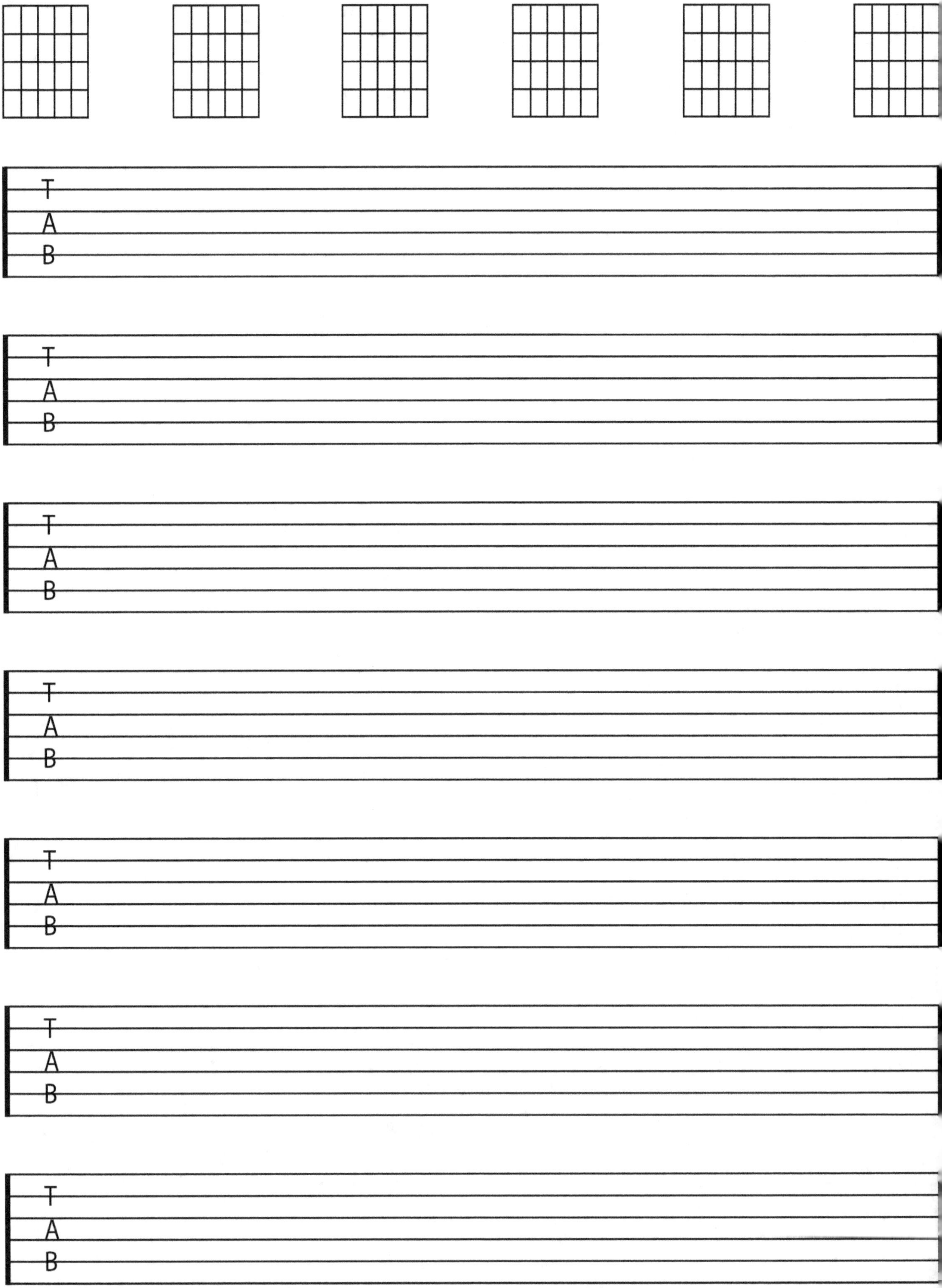

T
A
B

T
A
B

T
A
B

T
A
B

T
A
B

T
A
B

T
A
B

T
A
B

T
A
B

T
A
B

T
A
B

T
A
B

T
A
B

T
A
B

T
A
B

T
A
B

T
A
B

T
A
B

T
A
B

T
A
B

T
A
B

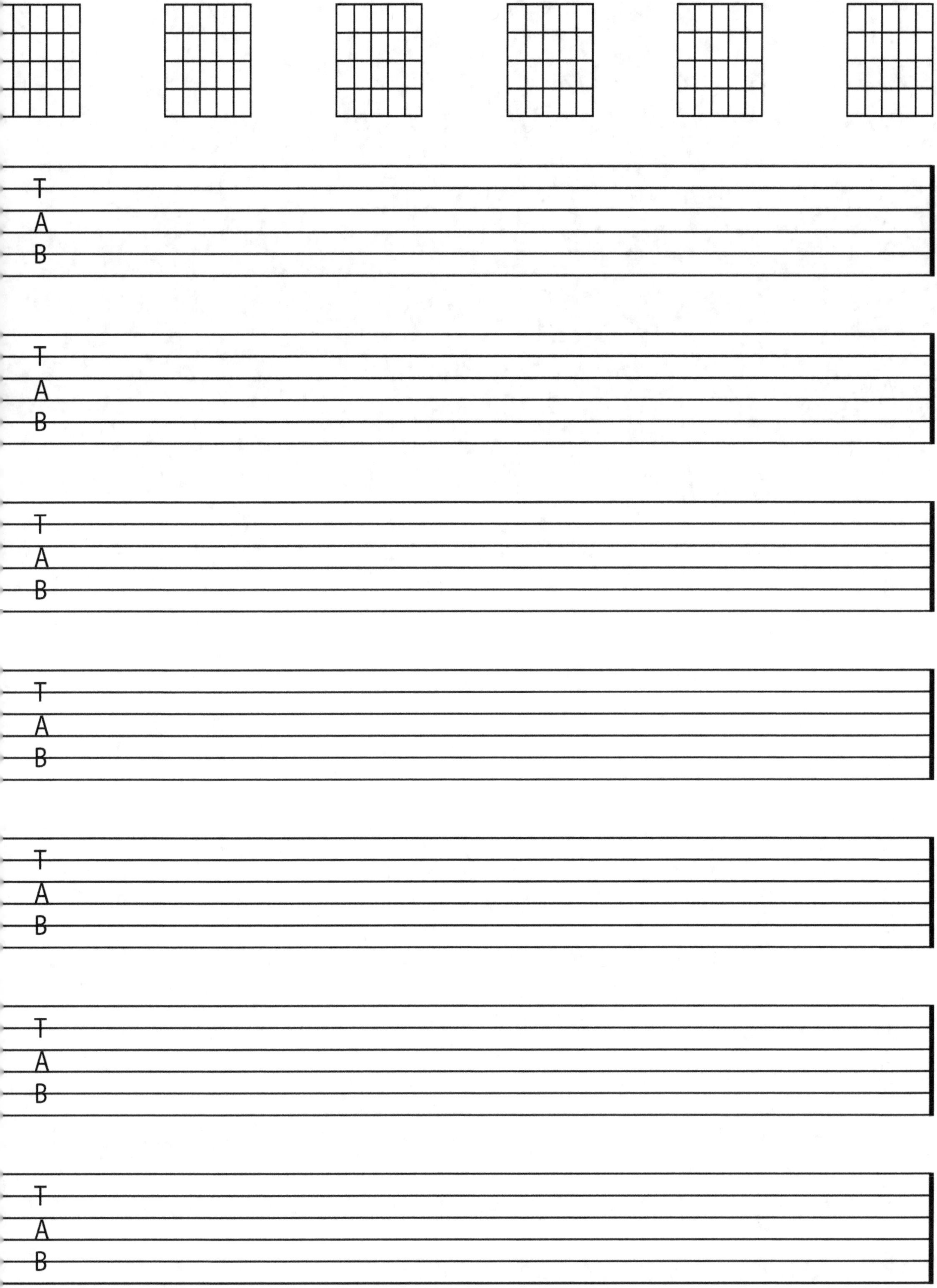

T
A
B

T
A
B

T
A
B

T
A
B

T
A
B

T
A
B

T
A
B

T
A
B

T
A
B

T
A
B

T
A
B

T
A
B

T
A
B

T
A
B

T
A
B

T
A
B

T
A
B

T
A
B

T
A
B

T
A
B

T
A
B

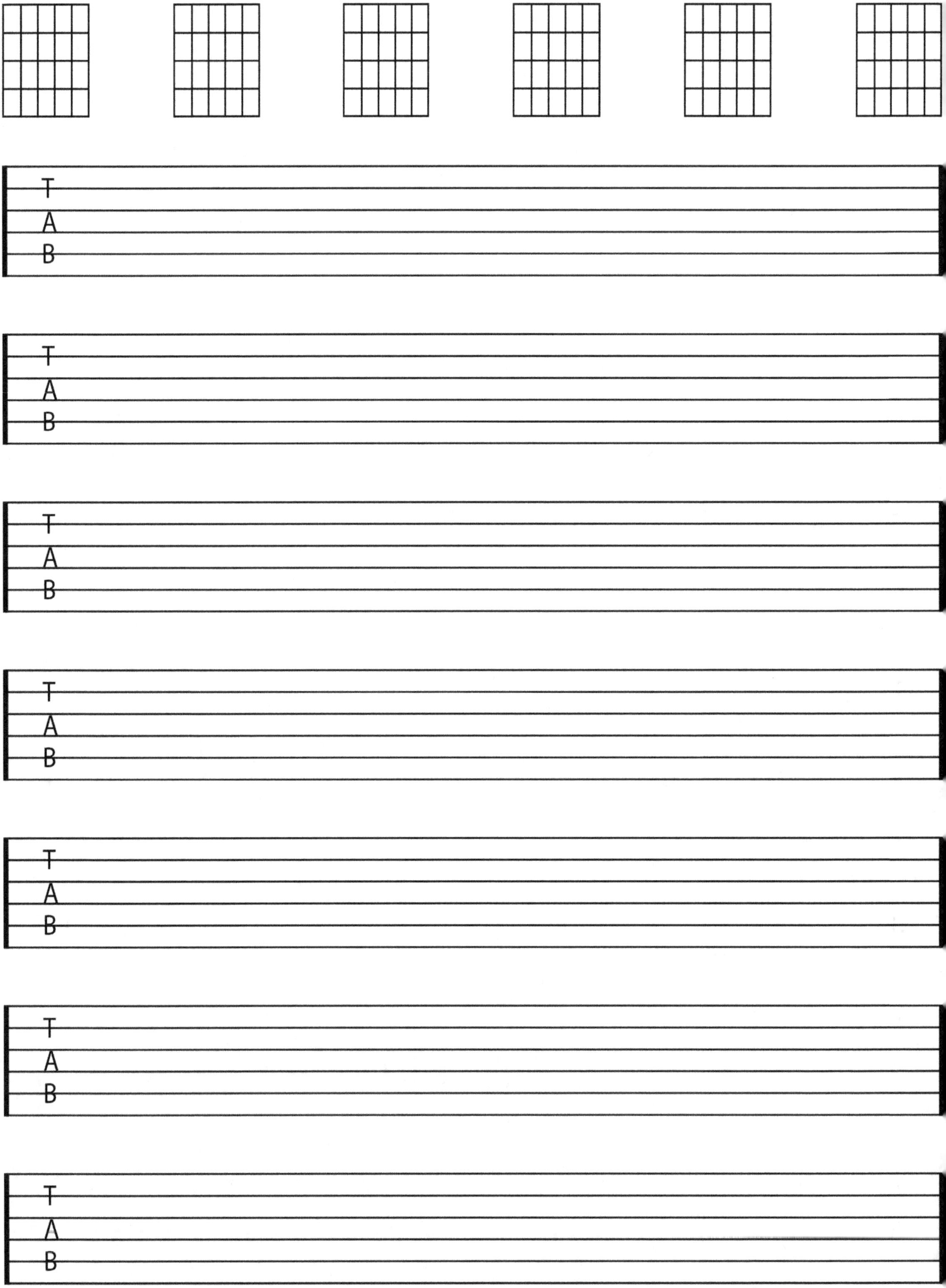

T
A
B

T
A
B

T
A
B

T
A
B

T
A
B

T
A
B

T
A
B

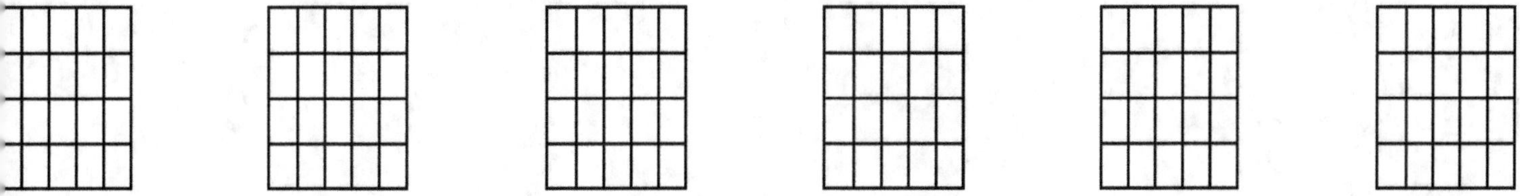

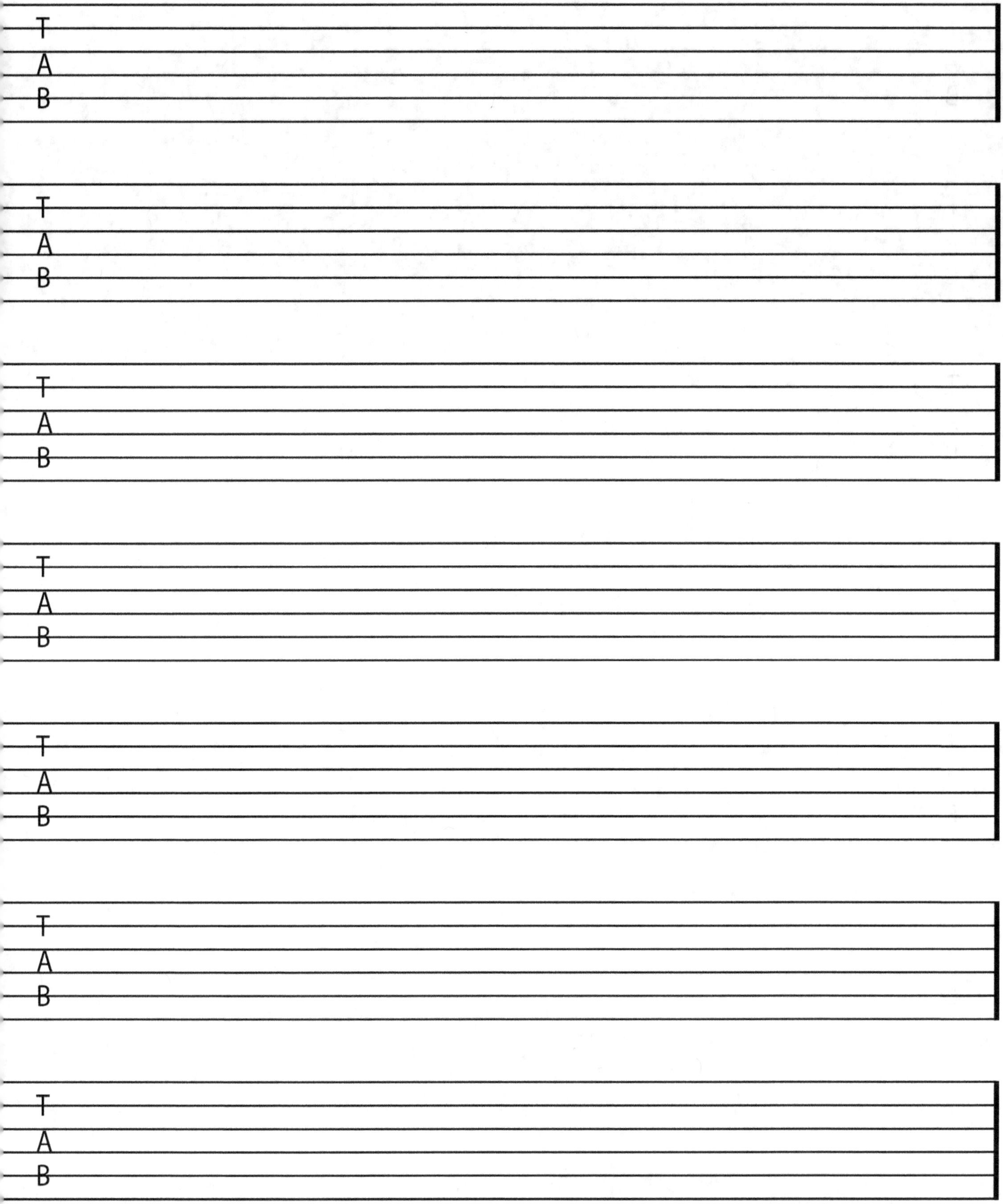

T
A
B

T
A
B

T
A
B

T
A
B

T
A
B

T
A
B

T
A
B

T
A
B

T
A
B

T
A
B

T
A
B

T
A
B

T
A
B

T
A
B

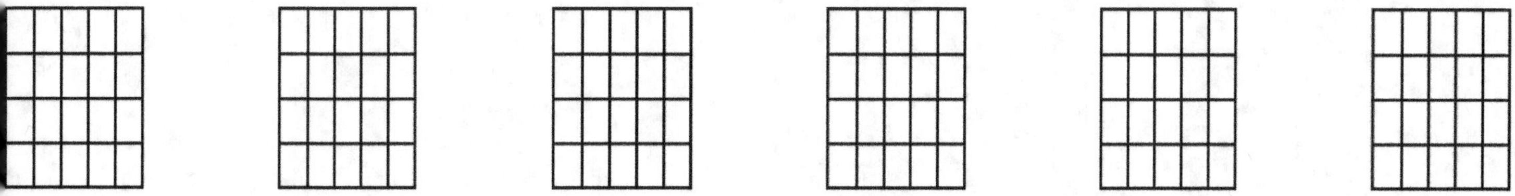

TAB

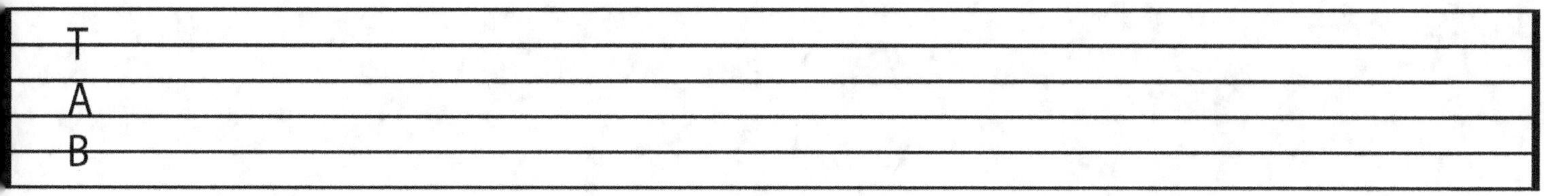

TAB

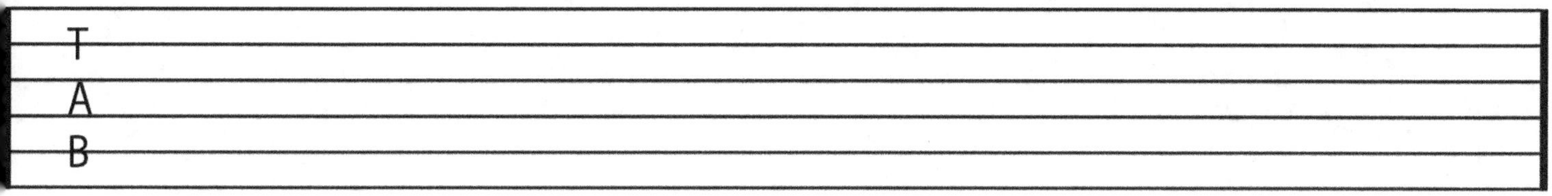

TAB

TAB

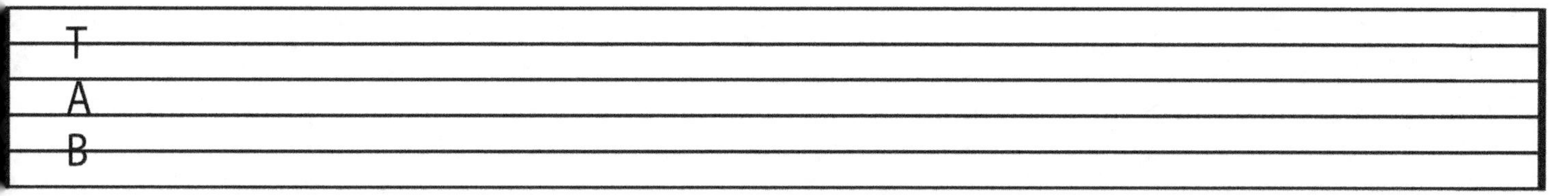

TAB

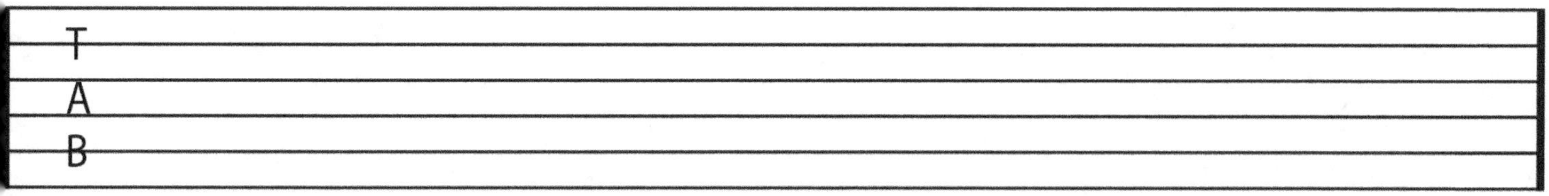

TAB

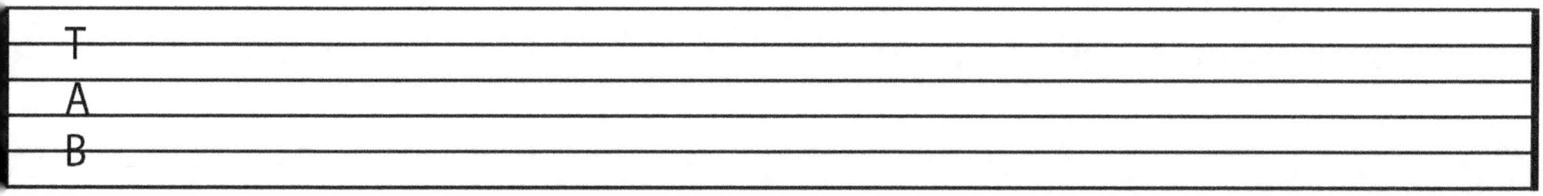

TAB

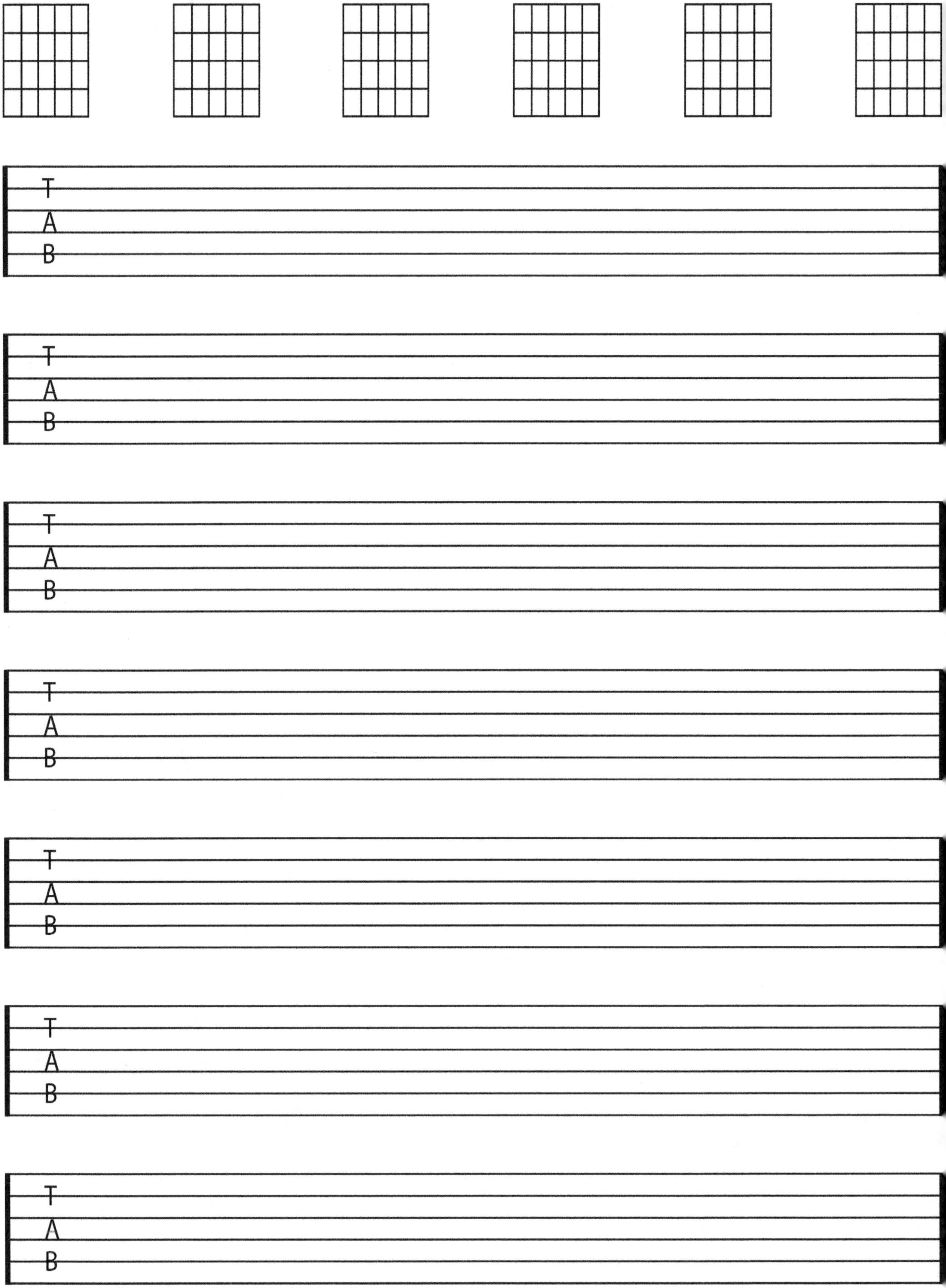

T
A
B

T
A
B

T
A
B

T
A
B

T
A
B

T
A
B

T
A
B

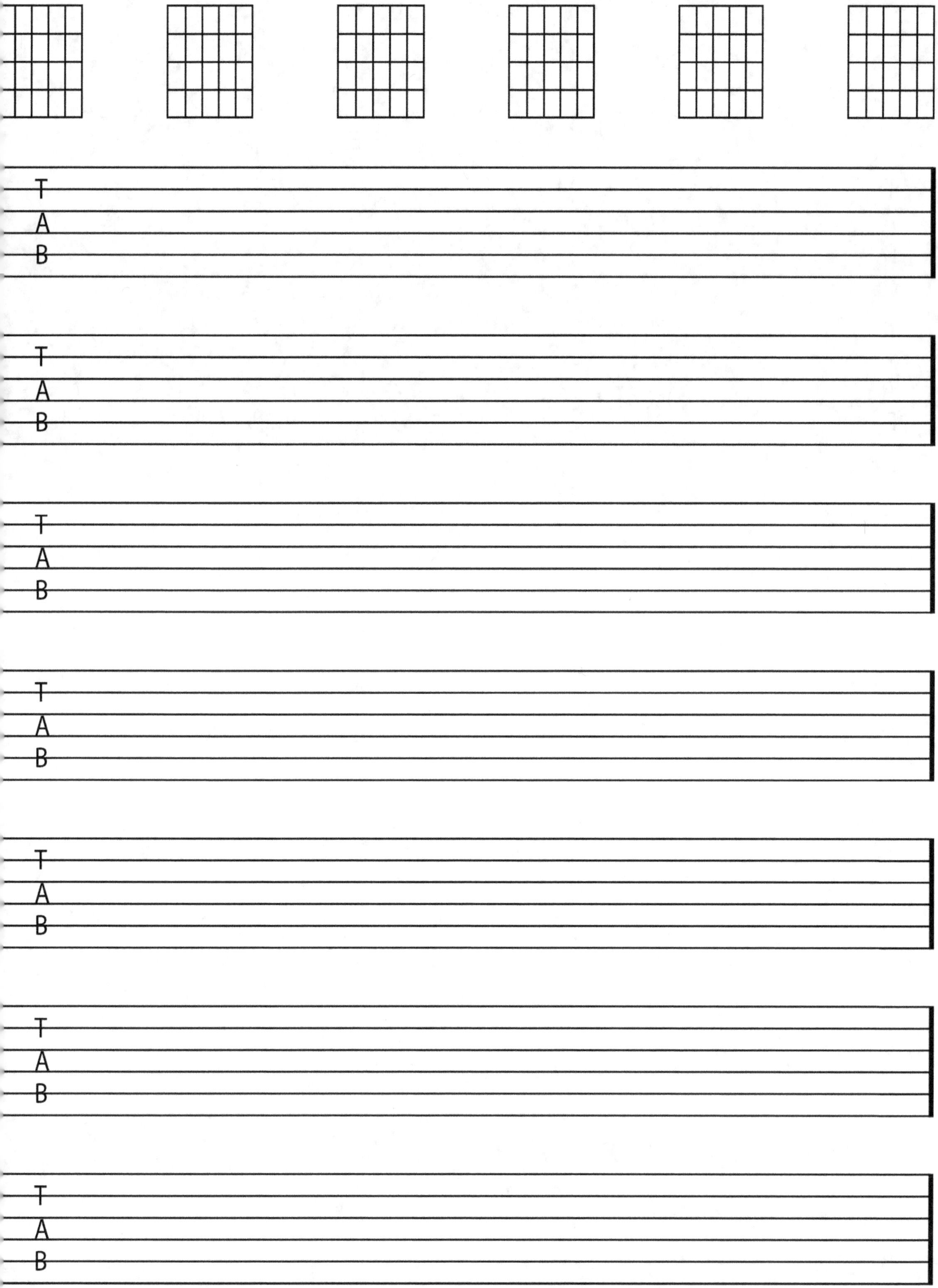

T
A
B

T
A
B

T
A
B

T
A
B

T
A
B

T
A
B

T
A
B

T
A
B

T
A
B

T
A
B

T
A
B

T
A
B

T
A
B

T
A
B

T
A
B

T
A
B

T
A
B

T
A
B

T
A
B

T
A
B

T
A
B

T
A
B

T
A
B

T
A
B

T
A
B

T
A
B

T
A
B

T
A
B

T
A
B

T
A
B

T
A
B

T
A
B

T
A
B

T
A
B

T
A
B

T
A
B

T
A
B

T
A
B

T
A
B

T
A
B

T
A
B

T
A
B

T
A
B

T
A
B

T
A
B

T
A
B

T
A
B

T
A
B

T
A
B

T
A
B

T
A
B

T
A
B

T
A
B

T
A
B

T
A
B

T
A
B

T
A
B

T
A
B

T
A
B

T
A
B

T
A
B

T
A
B

T
A
B

T
A
B

T
A
B

T
A
B

T
A
B

T
A
B

T
A
B

T
A
B

T
A
B

T
A
B

T
A
B

T
A
B

T
A
B

T
A
B

T
A
B

T
A
B

T
A
B

T
A
B

T
A
B

T
A
B

T
A
B

T
A
B

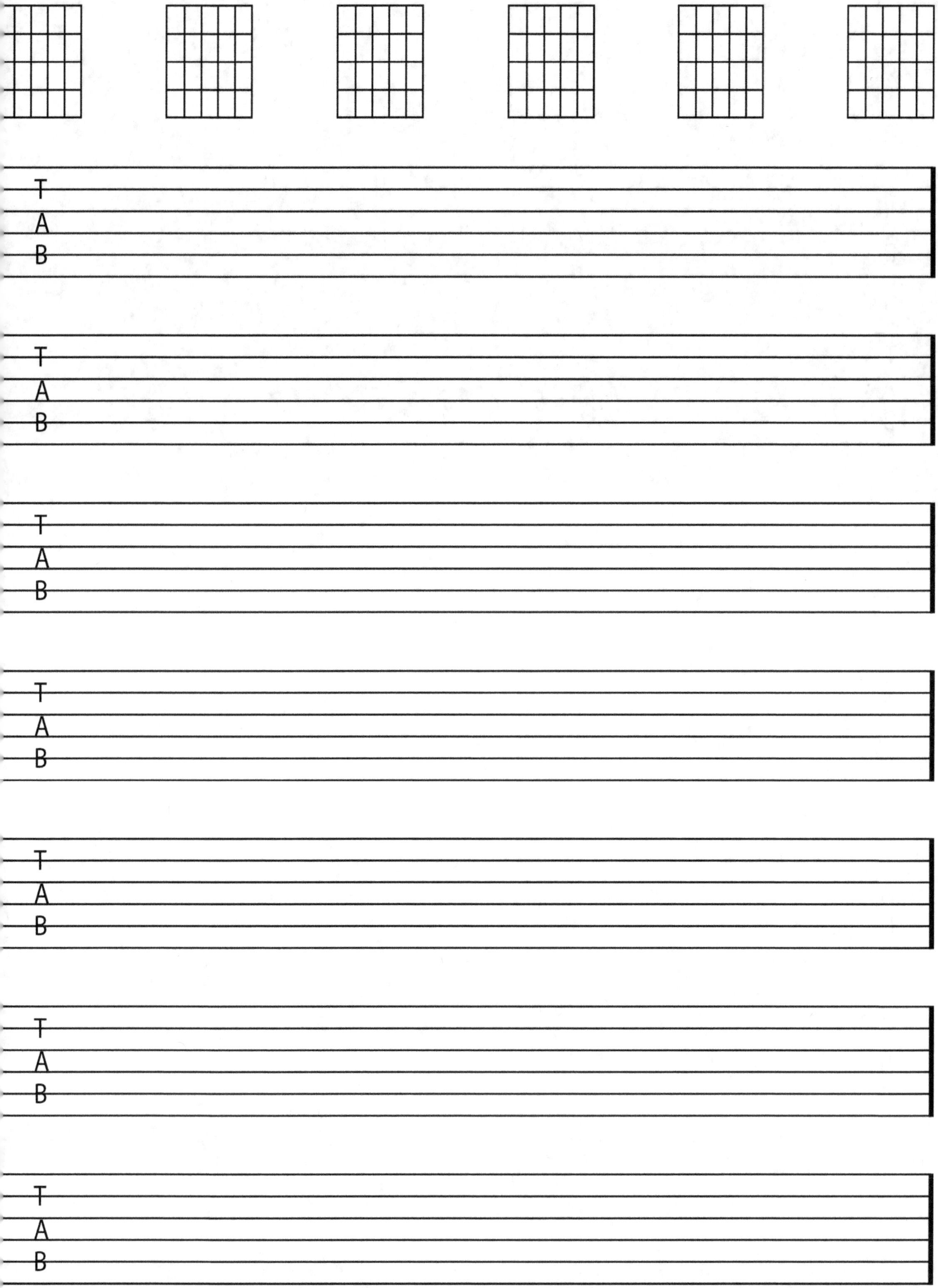

T
A
B

T
A
B

T
A
B

T
A
B

T
A
B

T
A
B

T
A
B

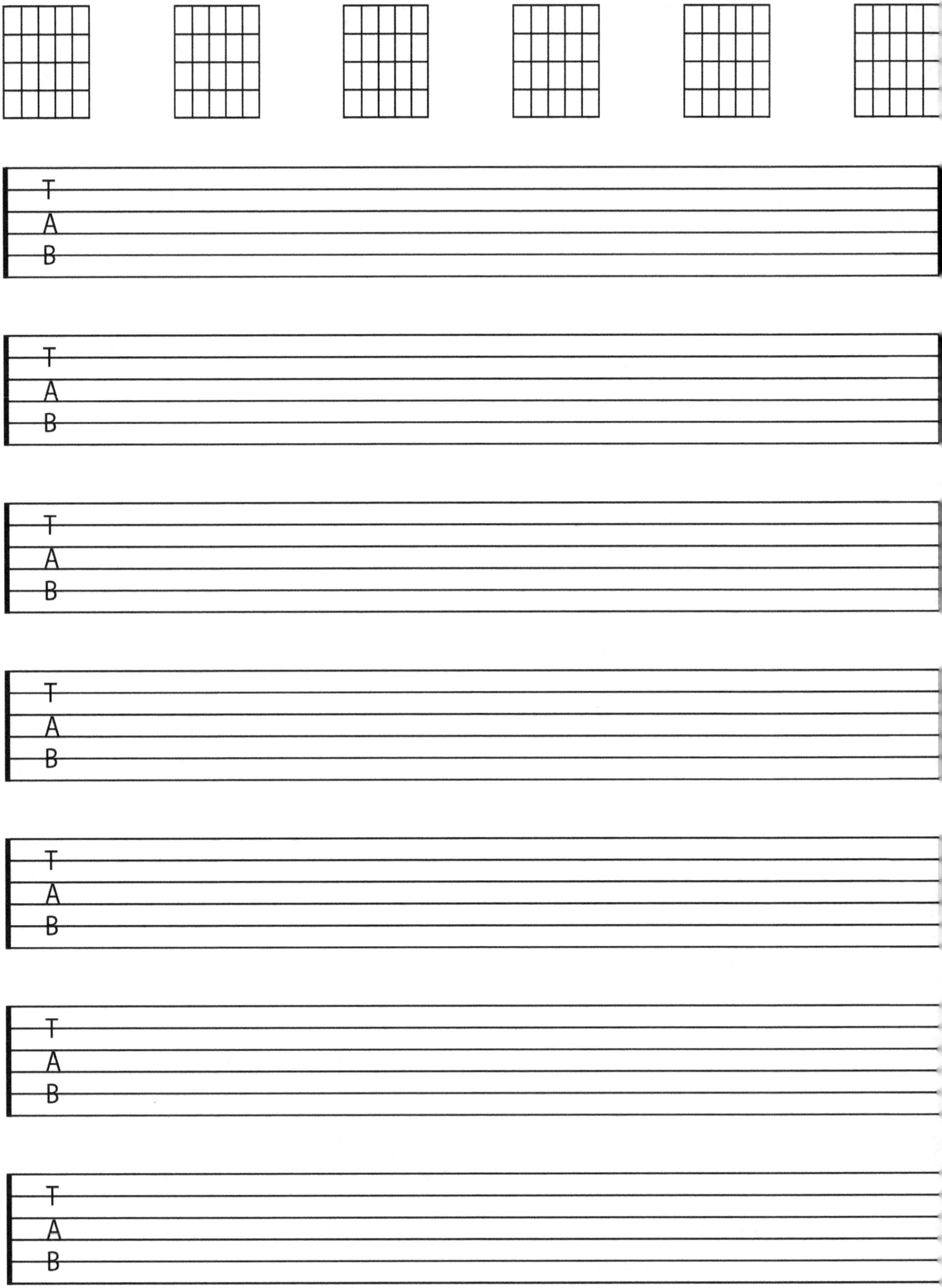

T
A
B

T
A
B

T
A
B

T
A
B

T
A
B

T
A
B

T
A
B

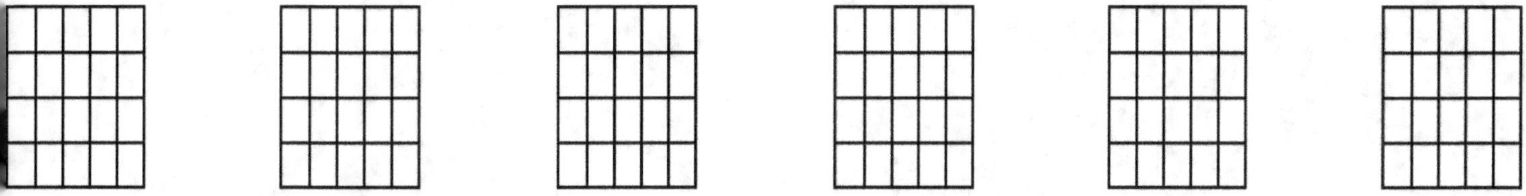

T
A
B

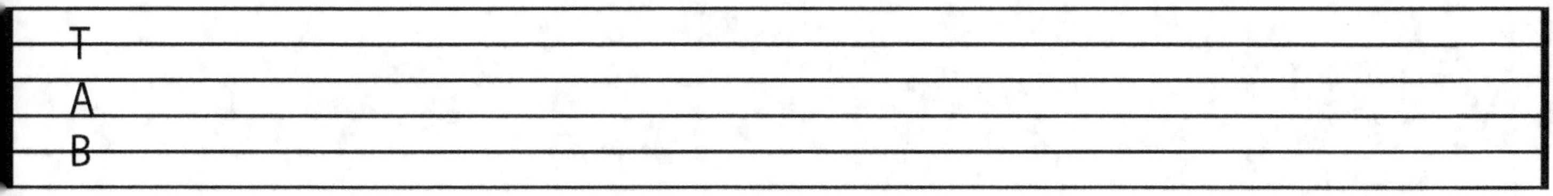

T
A
B

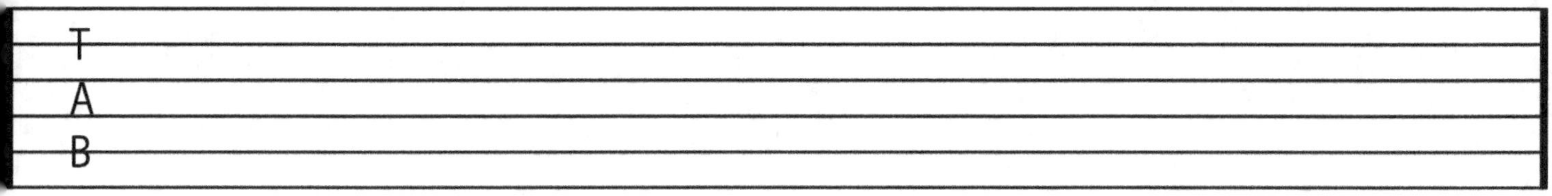

T
A
B

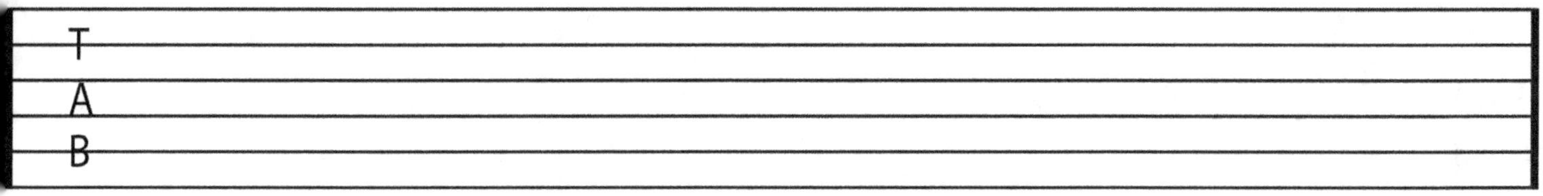

T
A
B

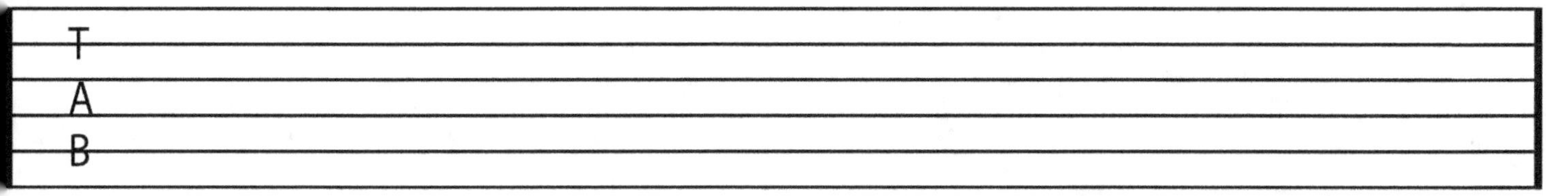

T
A
B

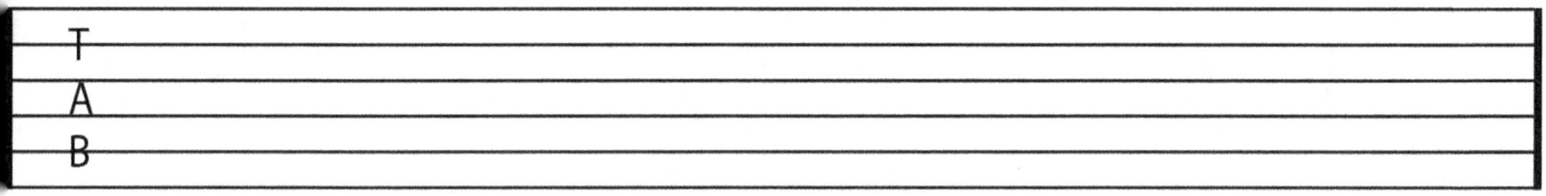

T
A
B

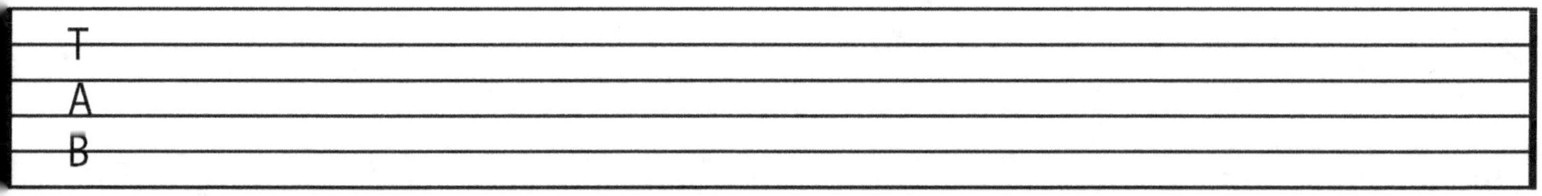

T
A
B

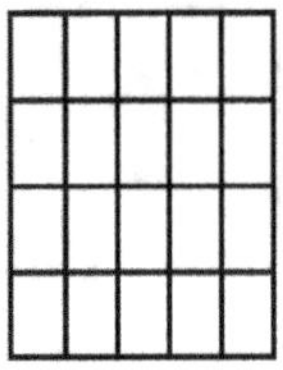

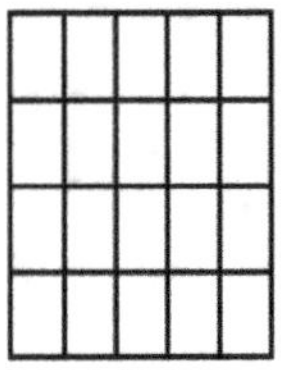

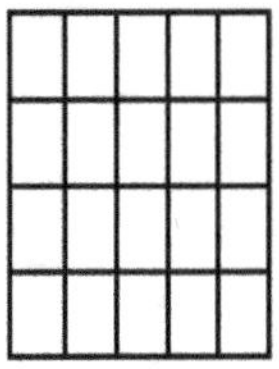

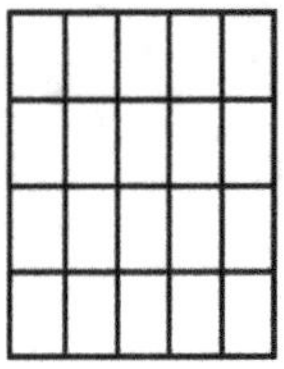

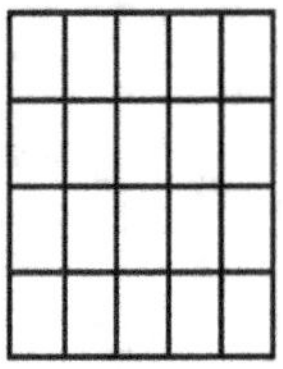

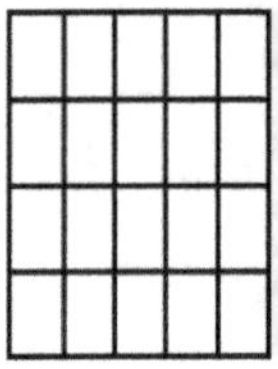

T
A
B

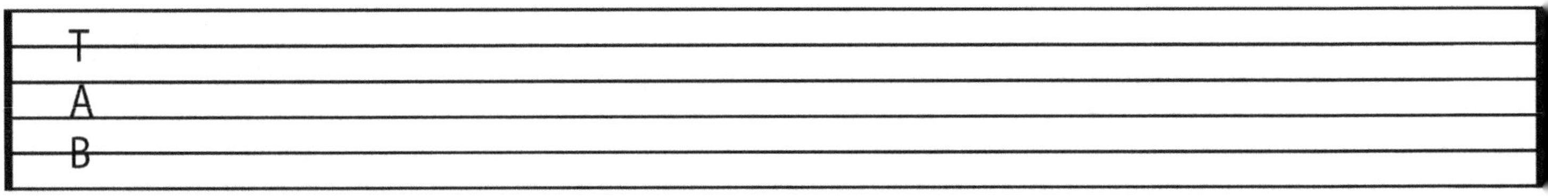

T
A
B

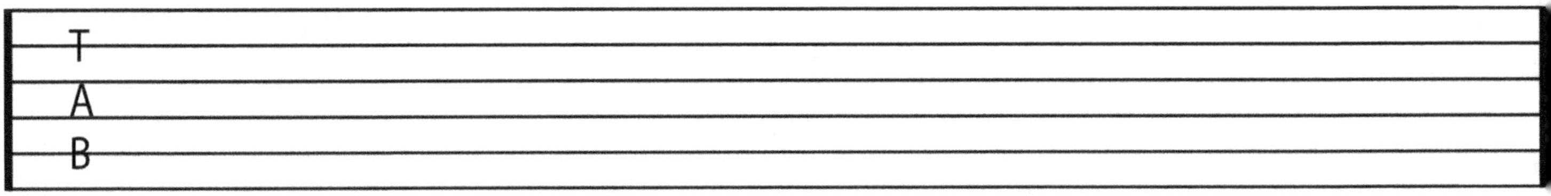

T
A
B

T
A
B

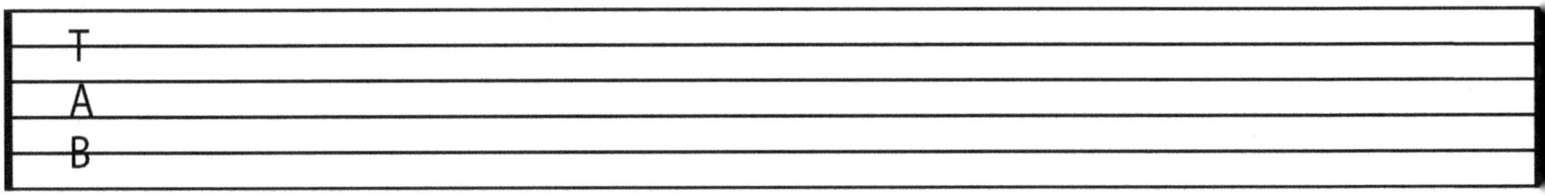

T
A
B

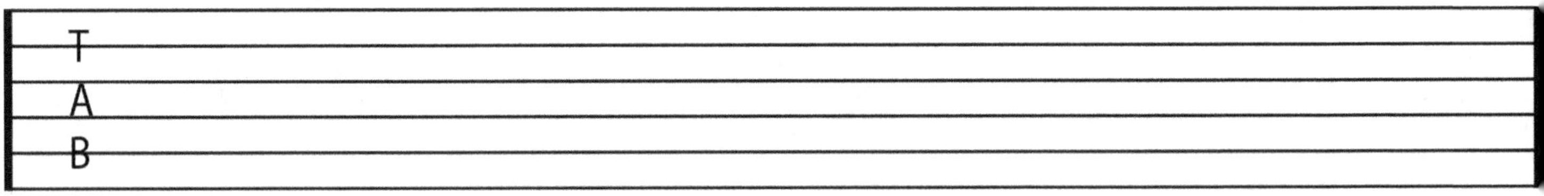

T
A
B

T
A
B

T
A
B

T
A
B

T
A
B

T
A
B

T
A
B

T
A
B

T
A
B

T
A
B

T
A
B

T
A
B

T
A
B

T
A
B

T
A
B

T
A
B

T
A
B

T
A
B

T
A
B

T
A
B

T
A
B

T
A
B

T
A
B

T
A
B

T
A
B

T
A
B

T
A
B

T
A
B

T
A
B

T
A
B

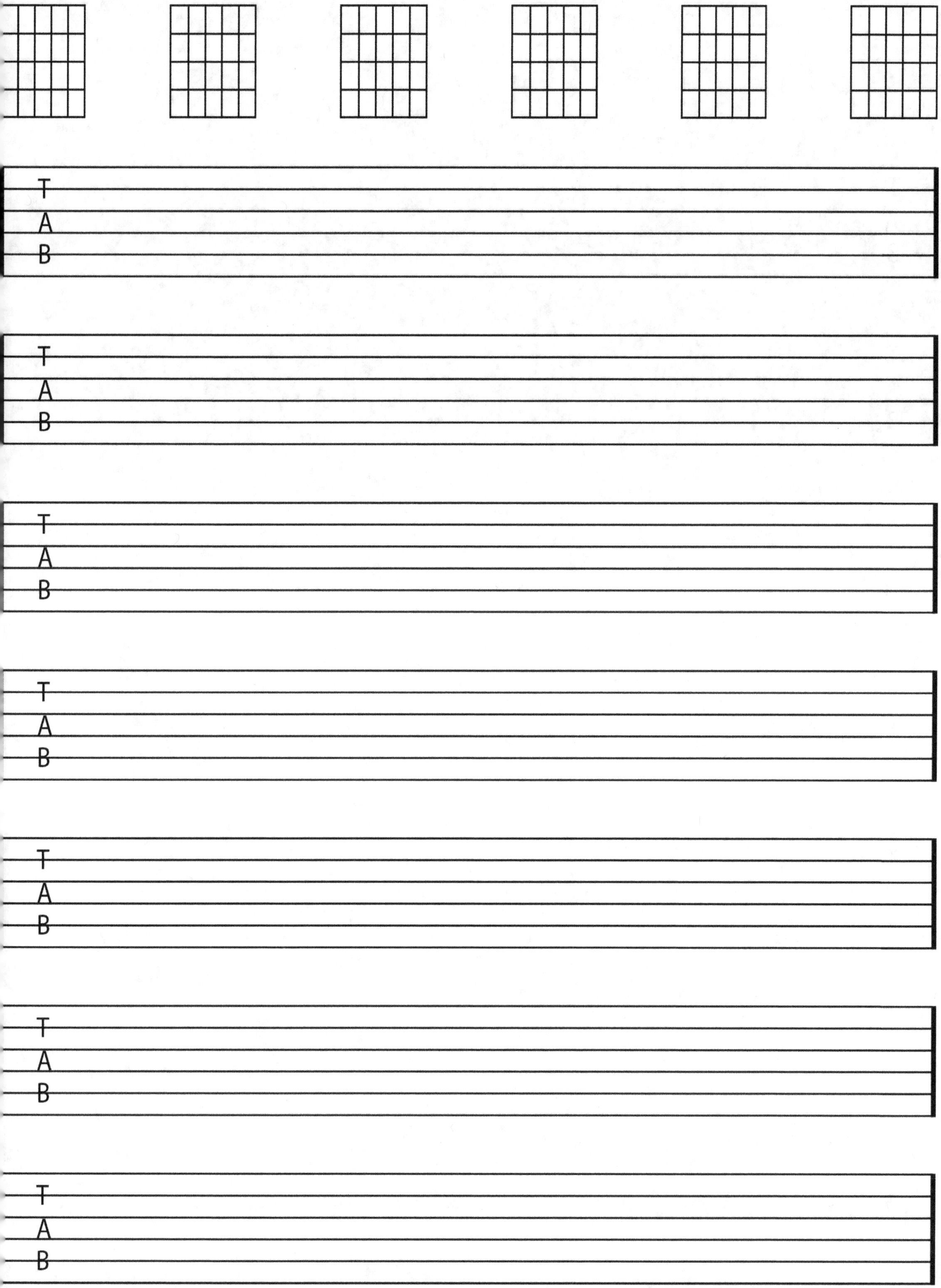

T
A
B

T
A
B

T
A
B

T
A
B

T
A
B

T
A
B

T
A
B

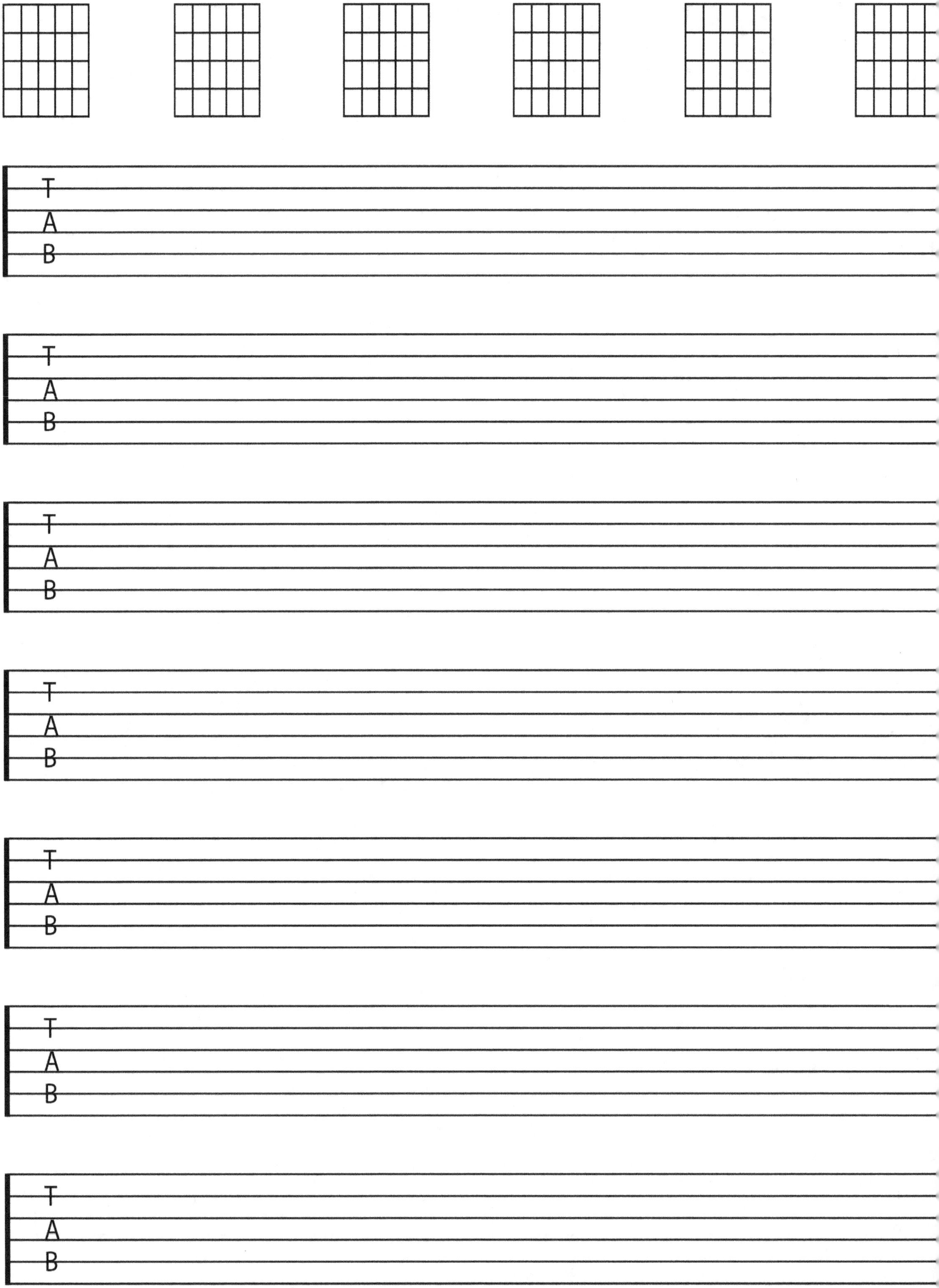

T
A
B

T
A
B

T
A
B

T
A
B

T
A
B

T
A
B

T
A
B

T
A
B

T
A
B

T
A
B

T
A
B

T
A
B

T
A
B

T
A
B

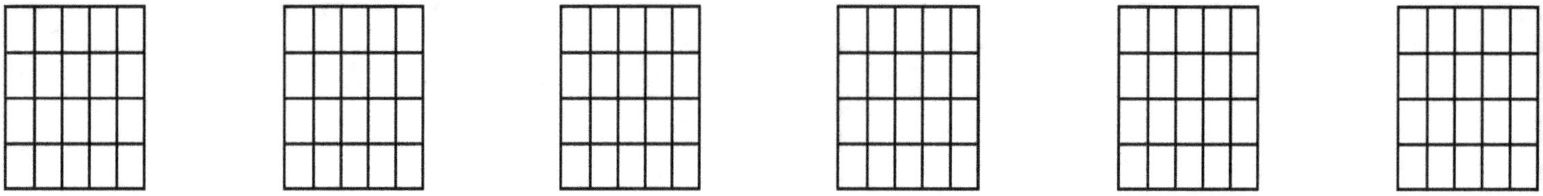

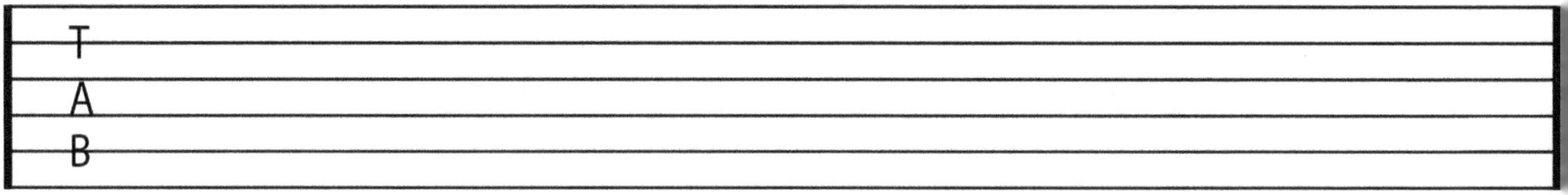

T
A
B

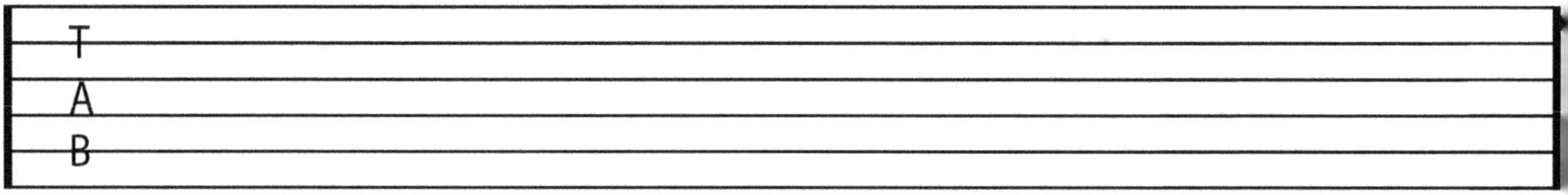

T
A
B

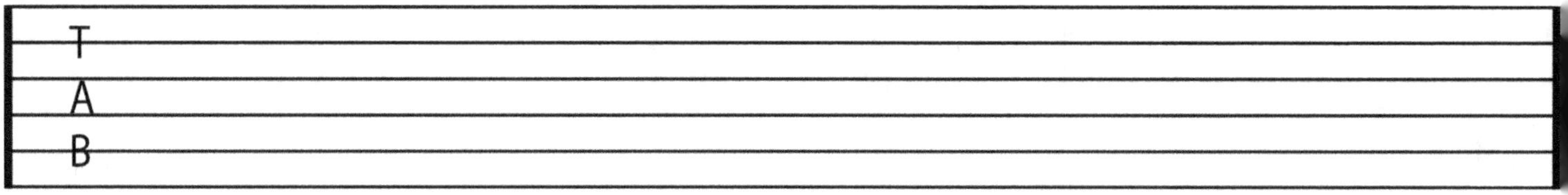

T
A
B

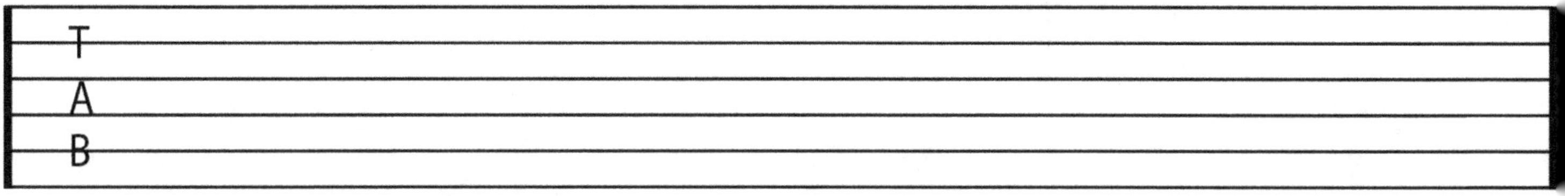

T
A
B

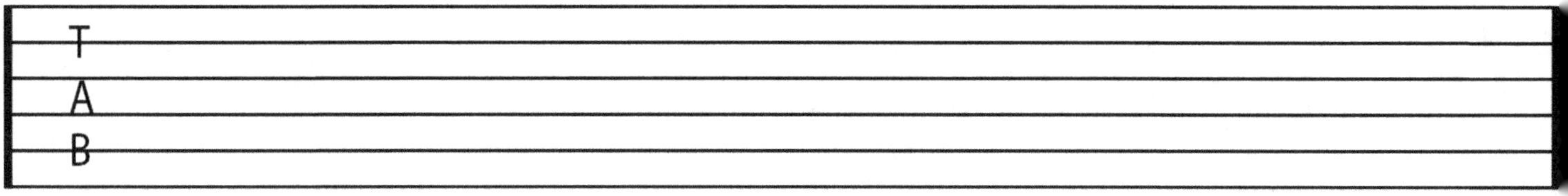

T
A
B

T
A
B

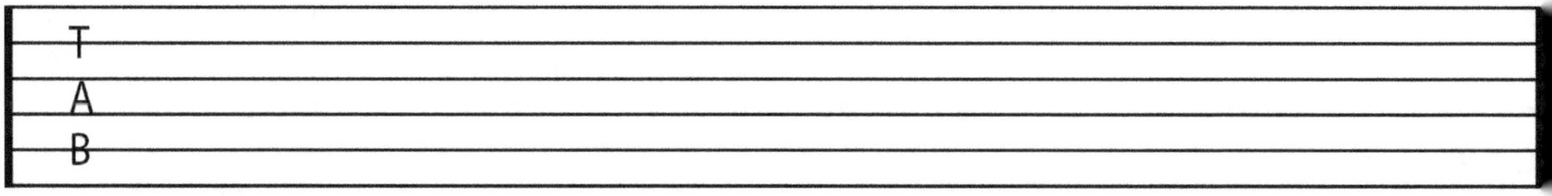

T
A
B

T
A
B

T
A
B

T
A
B

T
A
B

T
A
B

T
A
B

T
A
B

T
A
B

T
A
B

T
A
B

T
A
B

T
A
B

T
A
B

T
A
B

T
A
B

T
A
B

T
A
B

T
A
B

T
A
B

T
A
B

T
A
B

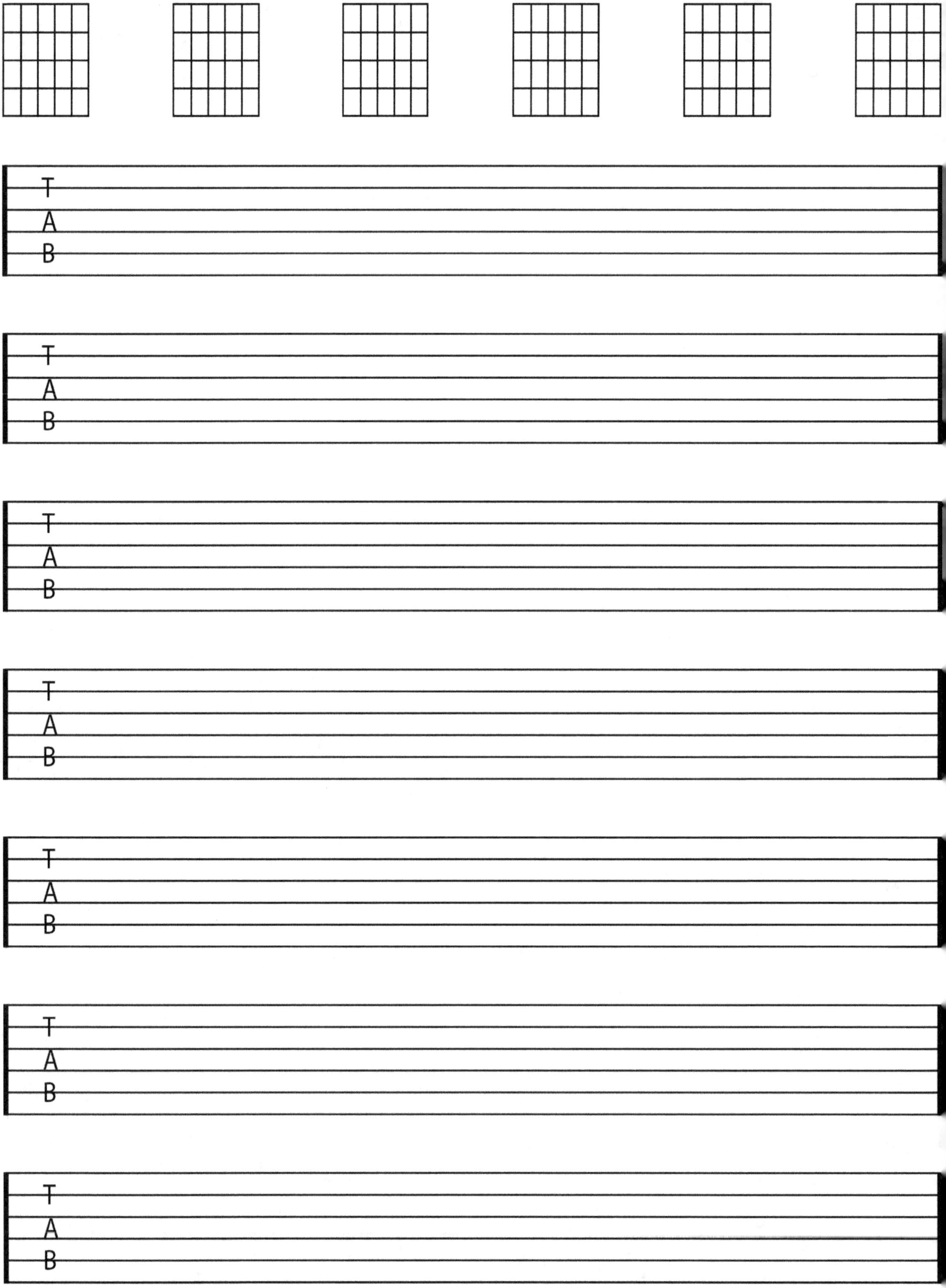

T
A
B

T
A
B

T
A
B

T
A
B

T
A
B

T
A
B

T
A
B

T
A
B

T
A
B

T
A
B

T
A
B

T
A
B

T
A
B

T
A
B

T
A
B

T
A
B

T
A
B

T
A
B

T
A
B

T
A
B

T
A
B

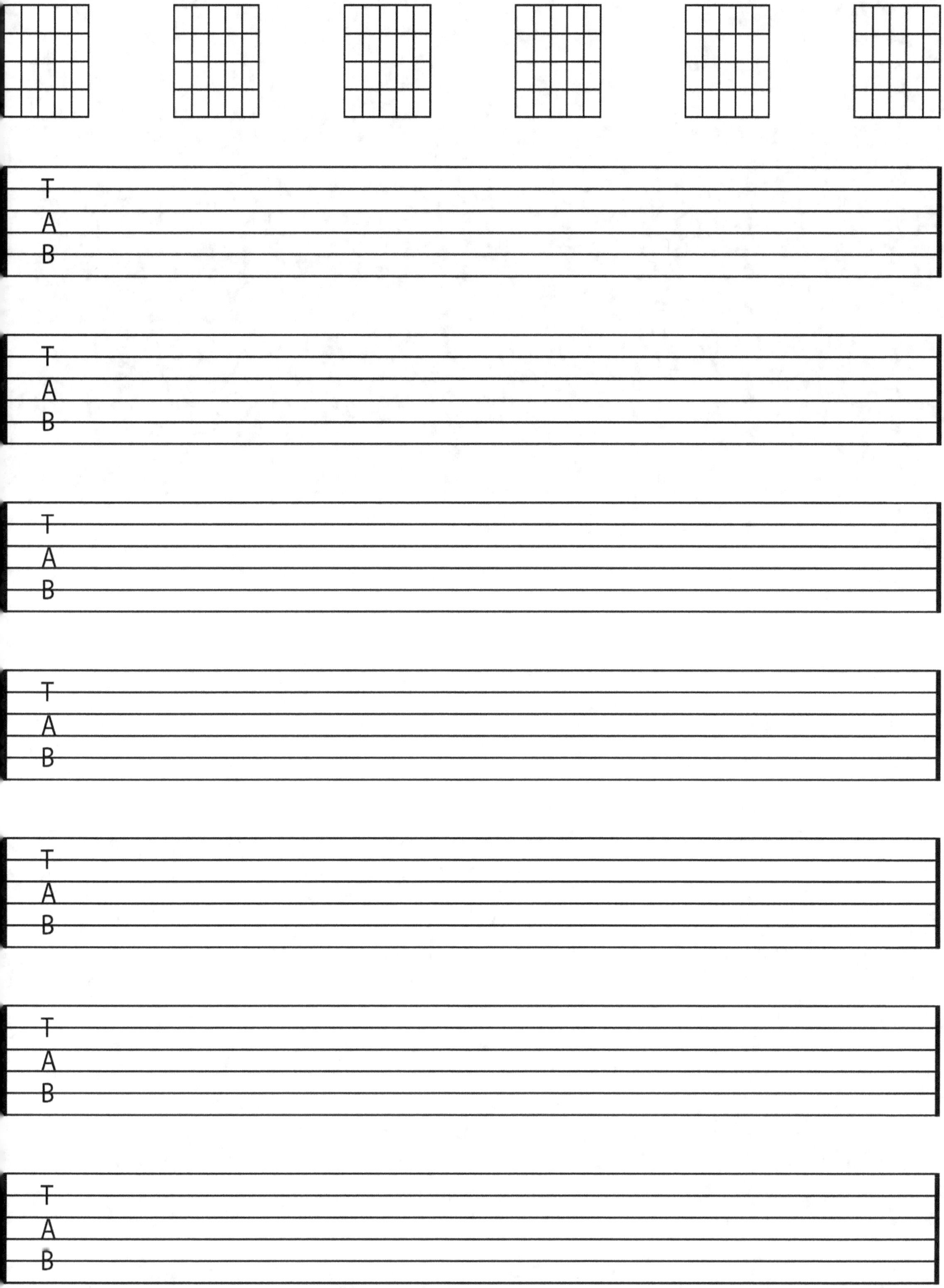

T
A
B

T
A
B

T
A
B

T
A
B

T
A
B

T
A
B

T
A
B

T
A
B

T
A
B

T
A
B

T
A
B

T
A
B

T
A
B

T
A
B

T
A
B

T
A
B

T
A
B

T
A
B

T
A
B

T
A
B

T
A
B

T
A
B

T
A
B

T
A
B

T
A
B

T
A
B

T
A
B

T
A
B

T
A
B

T
A
B

T
A
B

T
A
B

T
A
B

T
A
B

T
A
B

T
A
B

T
A
B

T
A
B

T
A
B

T
A
B

T
A
B

T
A
B

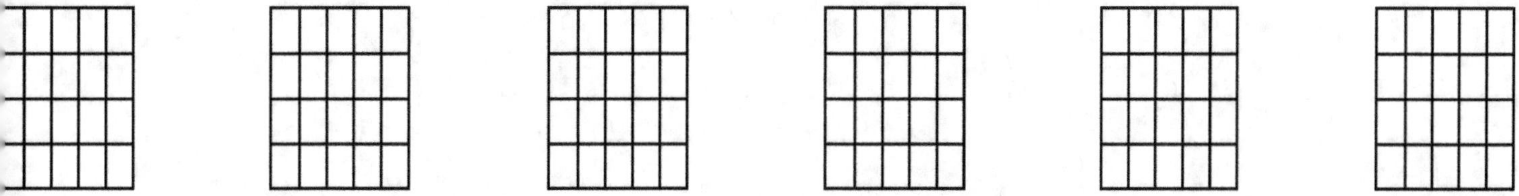

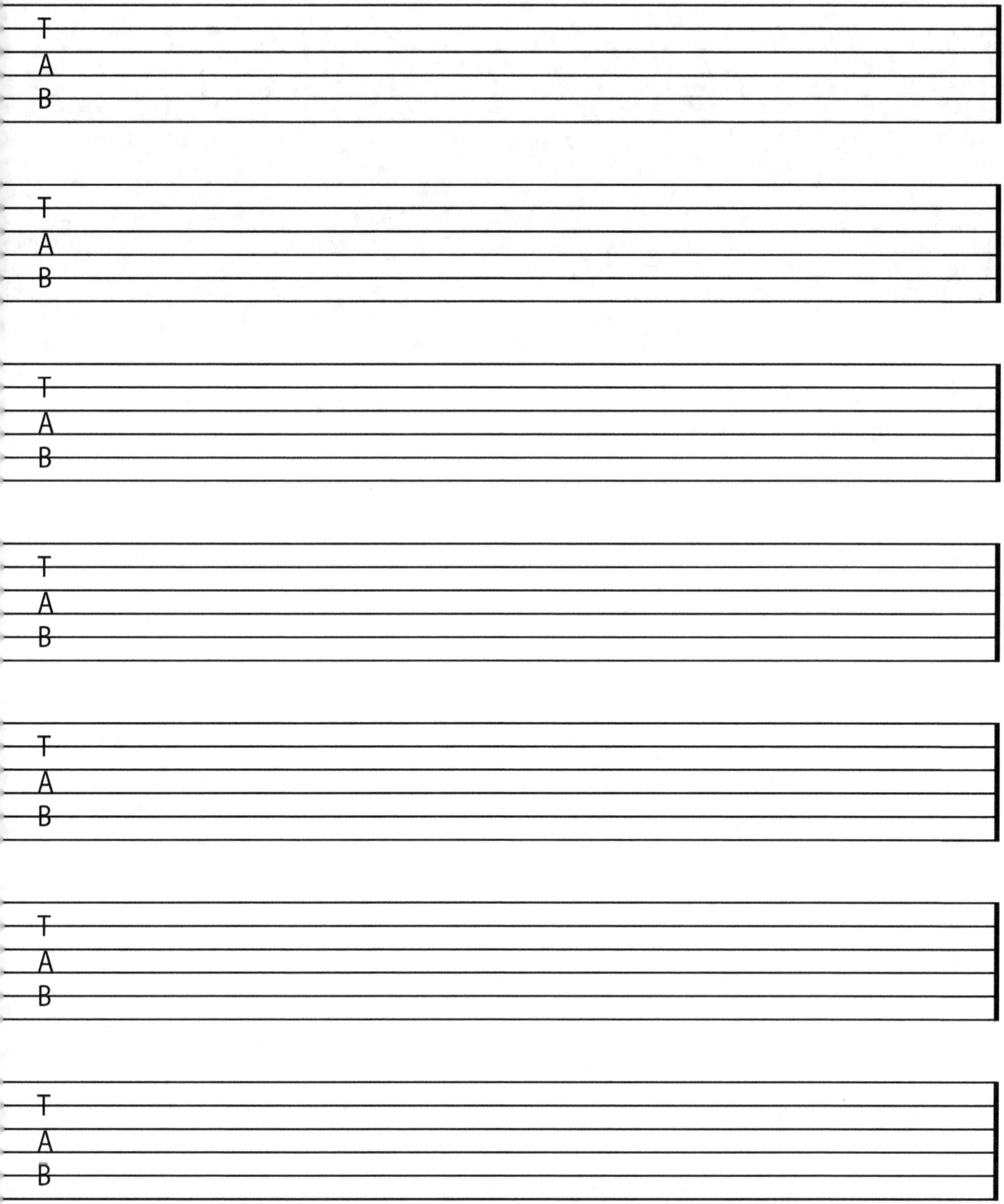

T
A
B

T
A
B

T
A
B

T
A
B

T
A
B

T
A
B

T
A
B

T
A
B

T
A
B

T
A
B

T
A
B

T
A
B

T
A
B

T
A
B

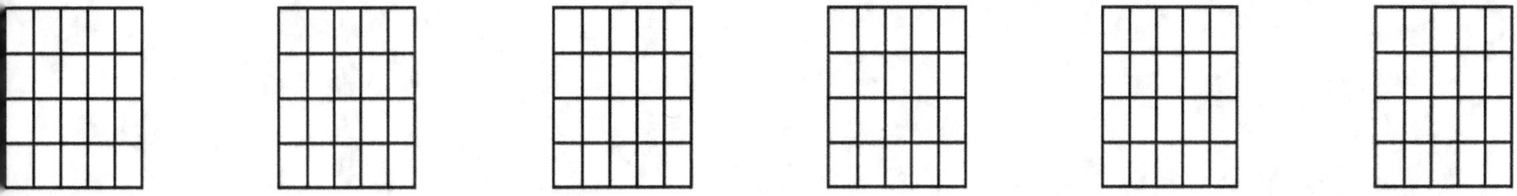

T
A
B

T
A
B

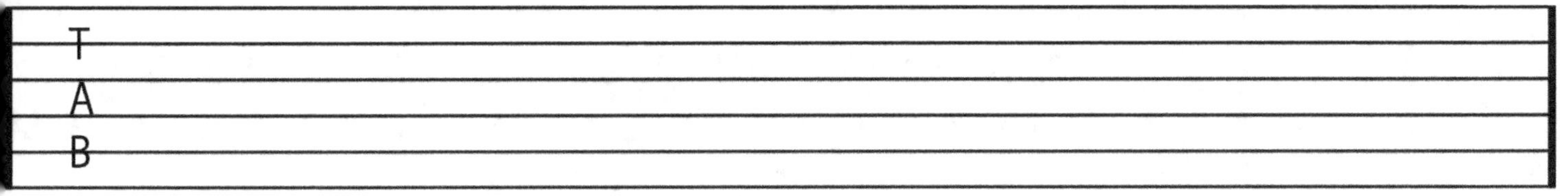

T
A
B

T
A
B

T
A
B

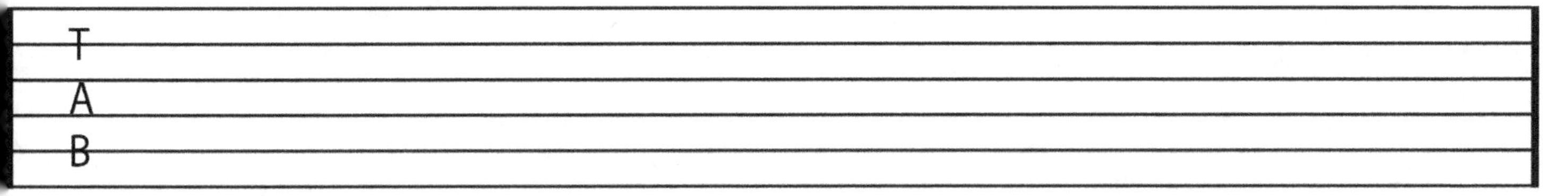

T
A
B

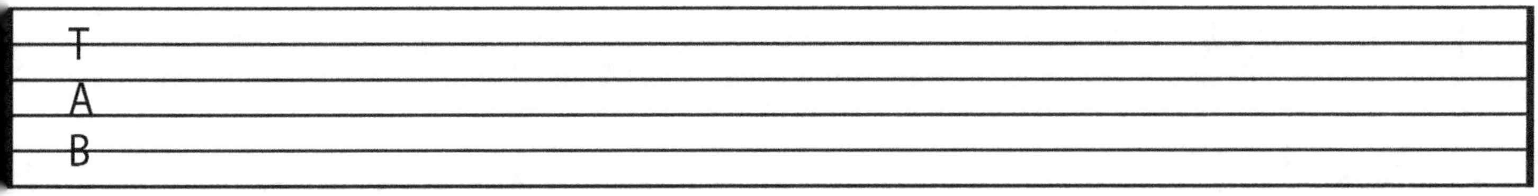

T
A
B

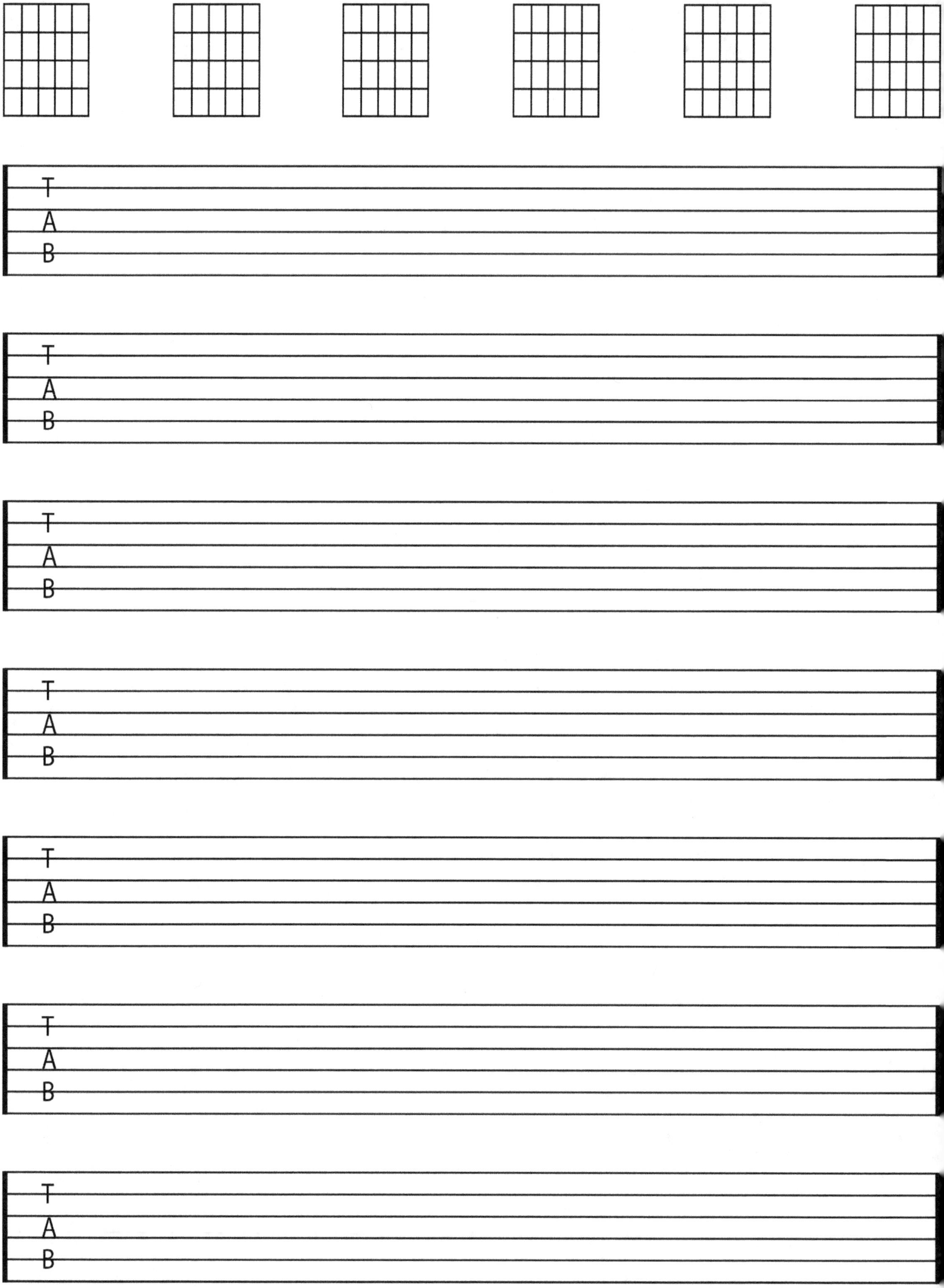

T
A
B

T
A
B

T
A
B

T
A
B

T
A
B

T
A
B

T
A
B

T
A
B

T
A
B

T
A
B

T
A
B

T
A
B

T
A
B

T
A
B

T
A
B

T
A
B

T
A
B

T
A
B

T
A
B

T
A
B

T
A
B

T
A
B

T
A
B

T
A
B

T
A
B

T
A
B

T
A
B

T
A
B

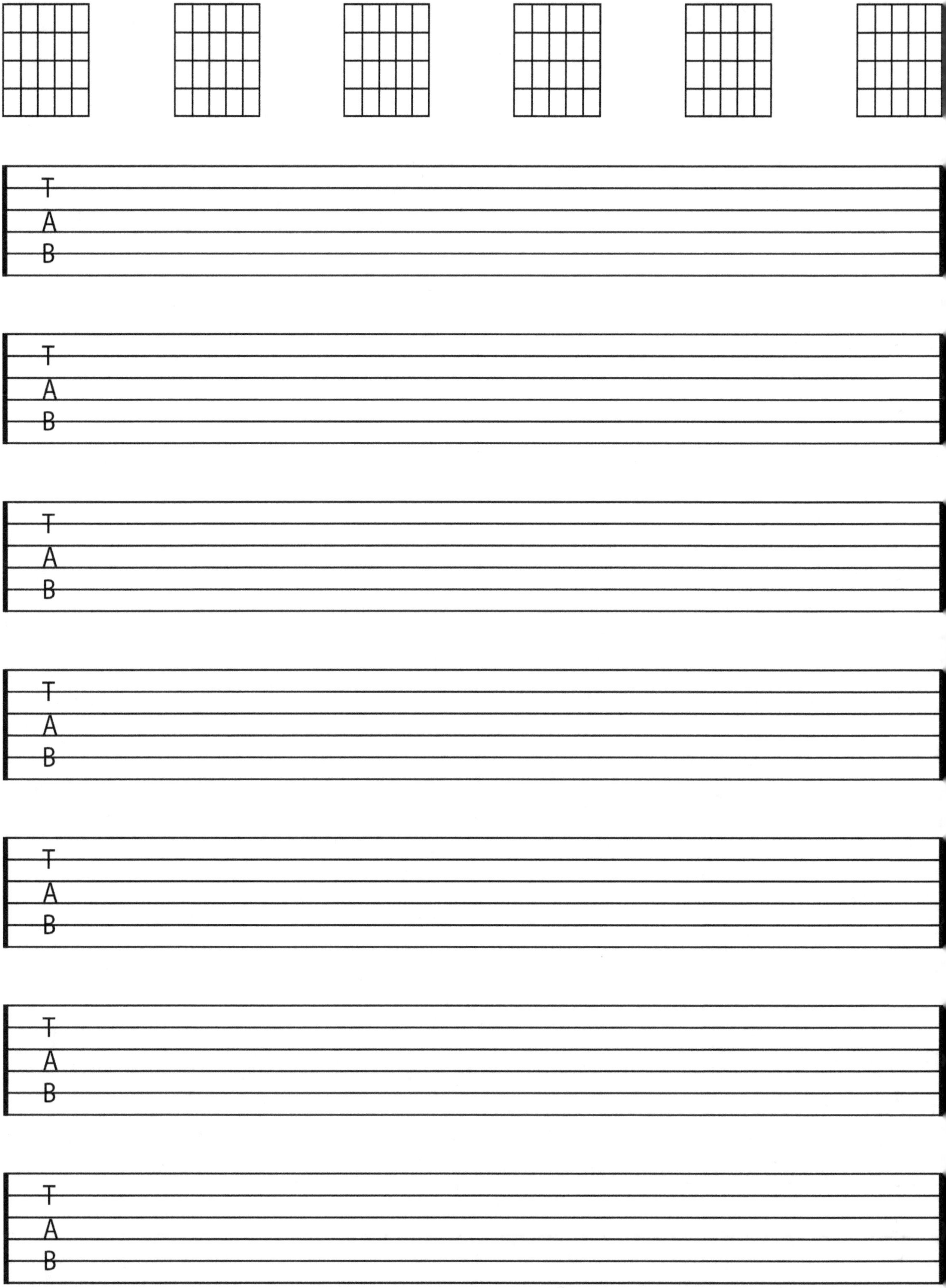

T
A
B

T
A
B

T
A
B

T
A
B

T
A
B

T
A
B

T
A
B

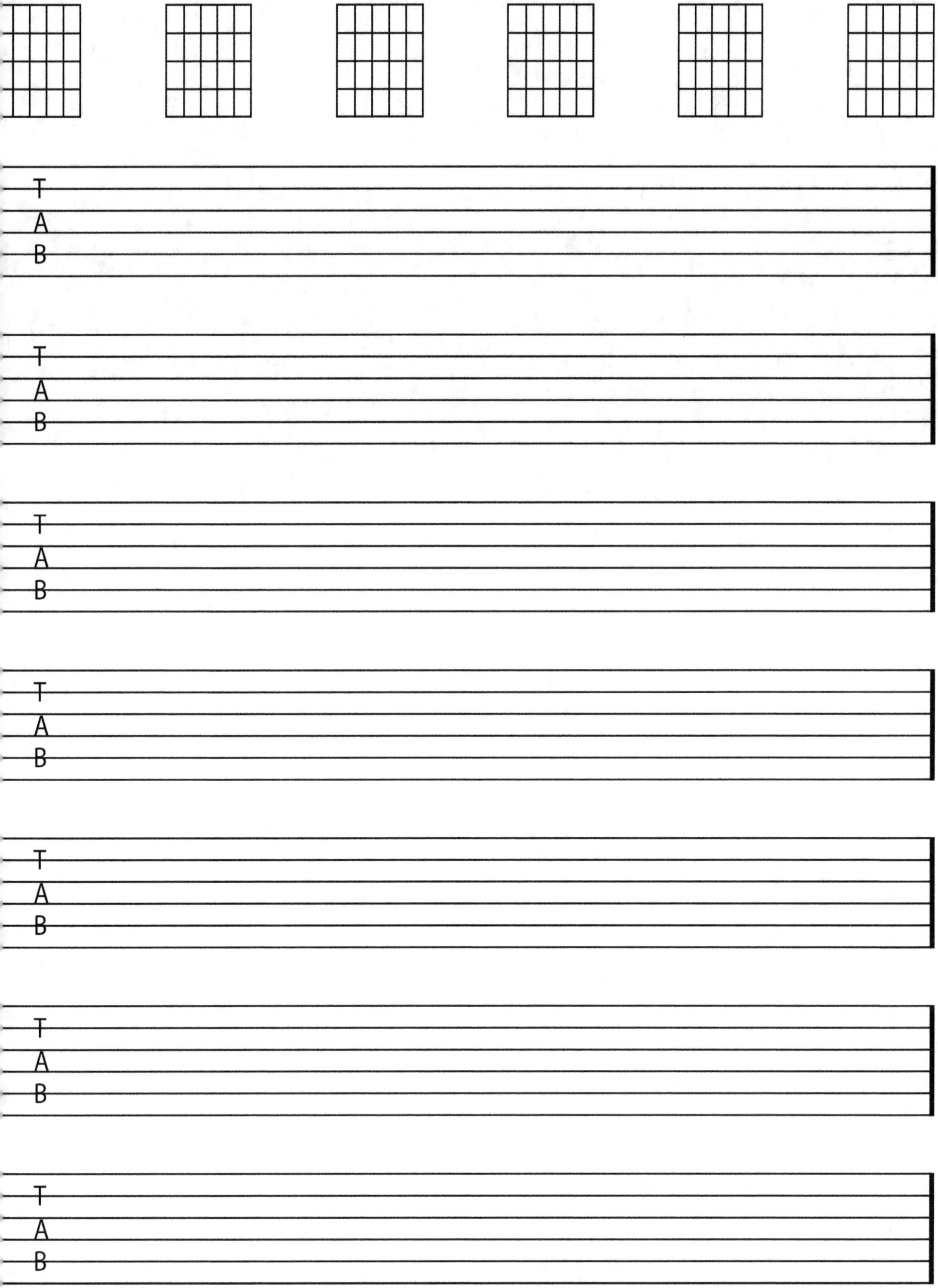

T
A
B

T
A
B

T
A
B

T
A
B

T
A
B

T
A
B

T
A
B

T
A
B

T
A
B

T
A
B

T
A
B

T
A
B

T
A
B

T
A
B

T
A
B

T
A
B

T
A
B

T
A
B

T
A
B

T
A
B

T
A
B

T
A
B

T
A
B

T
A
B

T
A
B

T
A
B

T
A
B

T
A
B

T
A
B

T
A
B

T
A
B

T
A
B

T
A
B

T
A
B

T
A
B

T
A
B

T
A
B

T
A
B

T
A
B

T
A
B

T
A
B

T
A
B

T
A
B

T
A
B

T
A
B

T
A
B

T
A
B

T
A
B

T
A
B

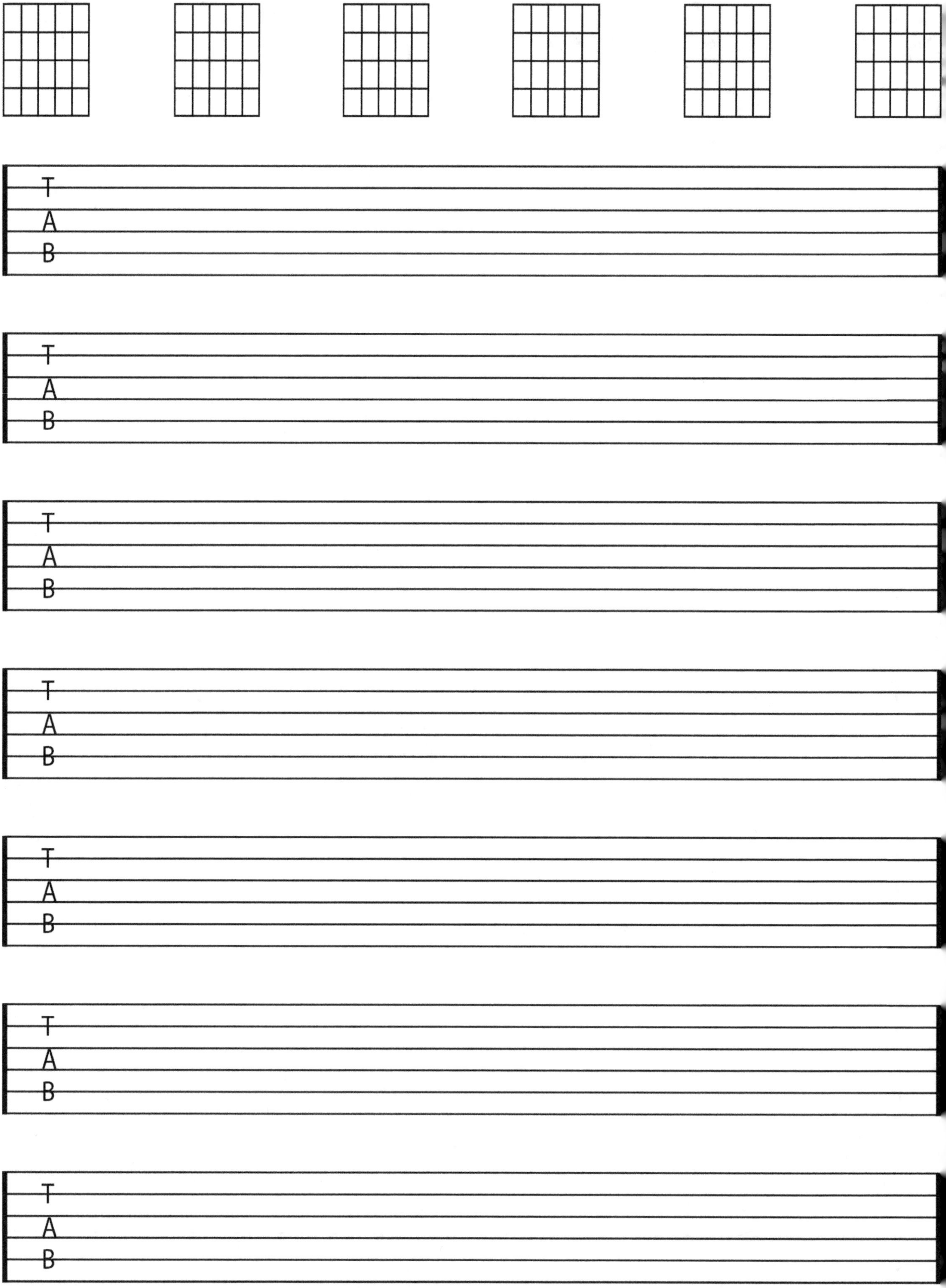

T
A
B

T
A
B

T
A
B

T
A
B

T
A
B

T
A
B

T
A
B

T
A
B

T
A
B

T
A
B

T
A
B

T
A
B

T
A
B

T
A
B

T
A
B

T
A
B

T
A
B

T
A
B

T
A
B

T
A
B

T
A
B

T
A
B

T
A
B

T
A
B

T
A
B

T
A
B

T
A
B

T
A
B

T
A
B

T
A
B

T
A
B

T
A
B

T
A
B

T
A
B

T
A
B

T
A
B

T
A
B

T
A
B

T
A
B

T
A
B

T
A
B

T
A
B

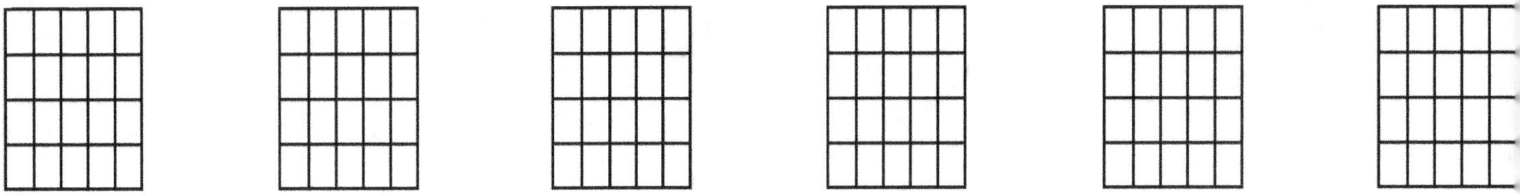

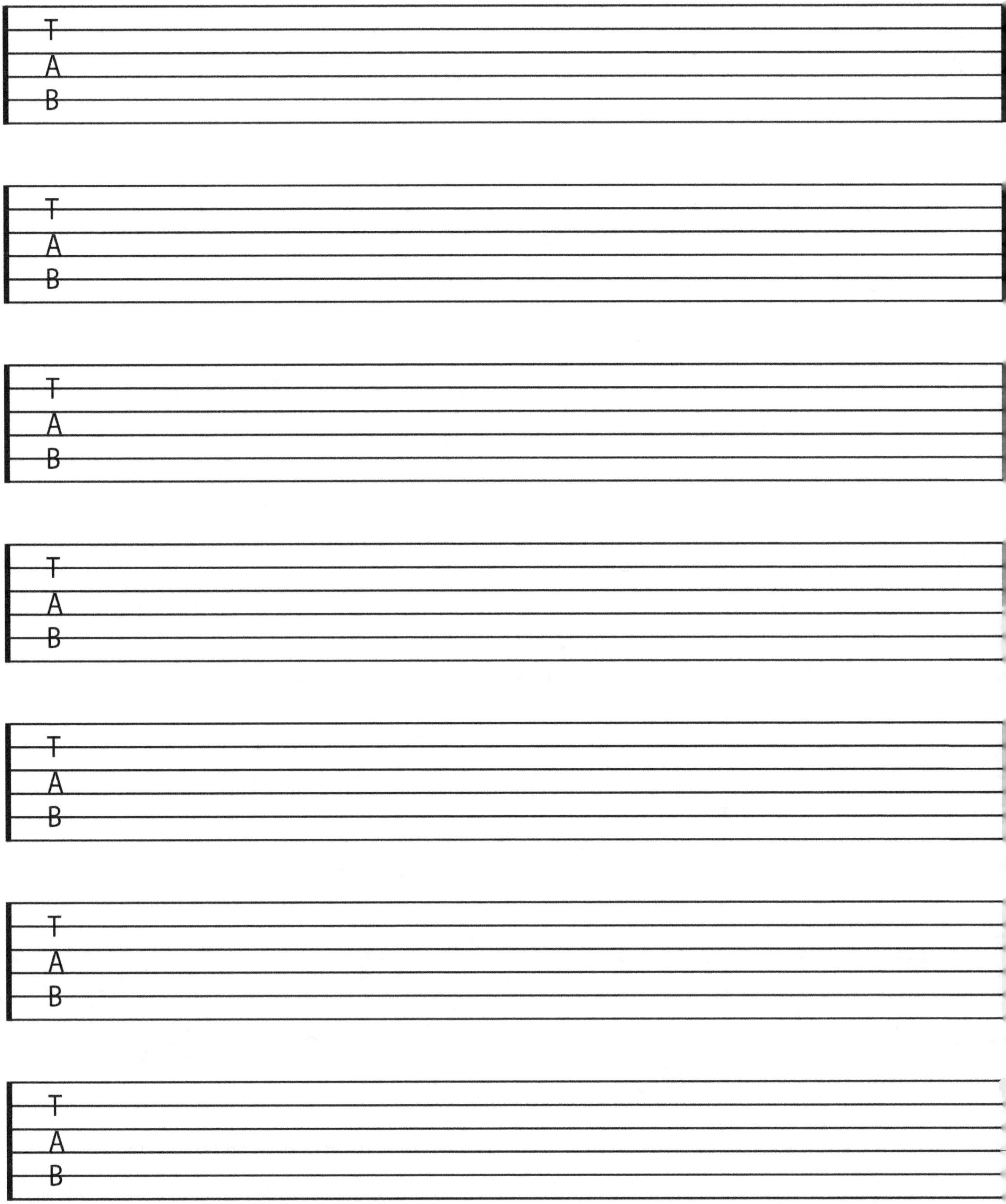

T
A
B

T
A
B

T
A
B

T
A
B

T
A
B

T
A
B

T
A
B

T
A
B

T
A
B

T
A
B

T
A
B

T
A
B

T
A
B

T
A
B

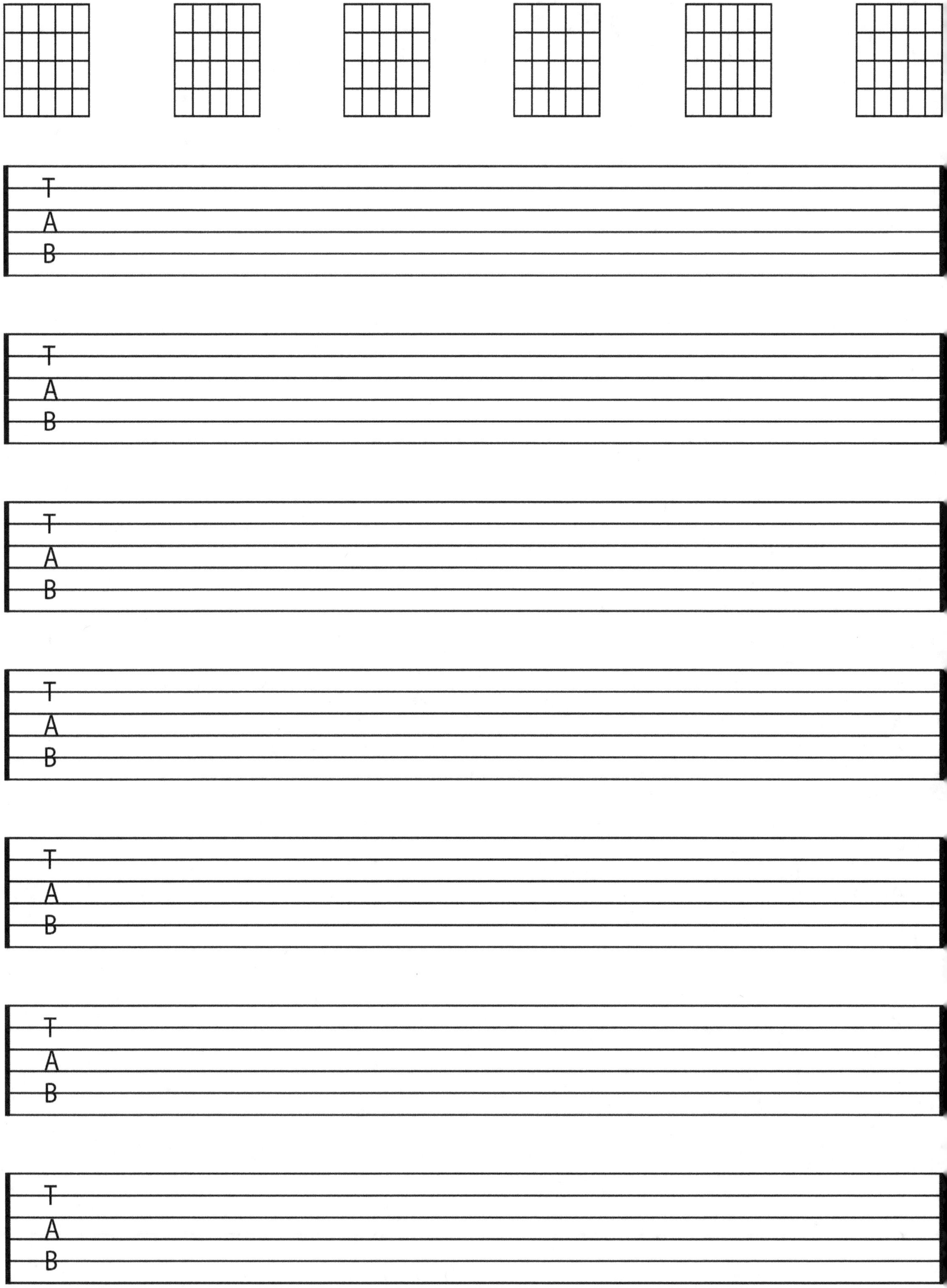

T
A
B

T
A
B

T
A
B

T
A
B

T
A
B

T
A
B

T
A
B

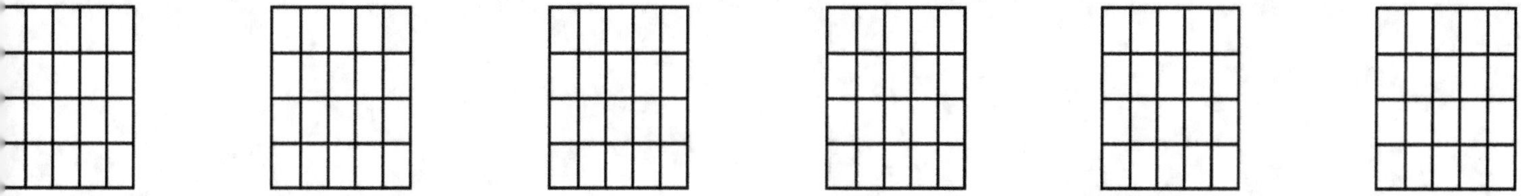

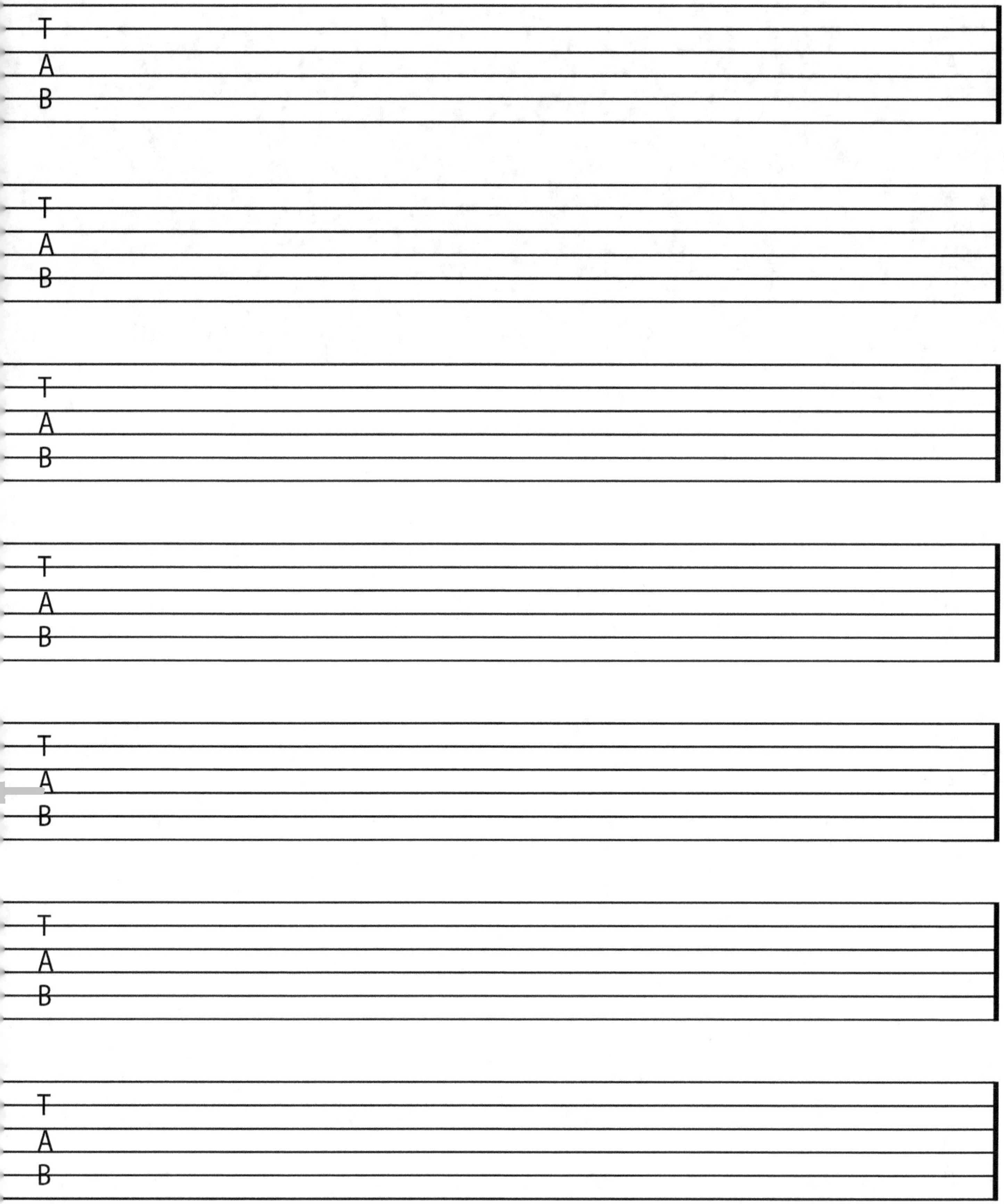

T
A
B

T
A
B

T
A
B

T
A
B

T
A
B

T
A
B

T
A
B

T
A
B

T
A
B

T
A
B

T
A
B

T
A
B

T
A
B

T
A
B

T
A
B

T
A
B

T
A
B

T
A
B

T
A
B

T
A
B

T
A
B

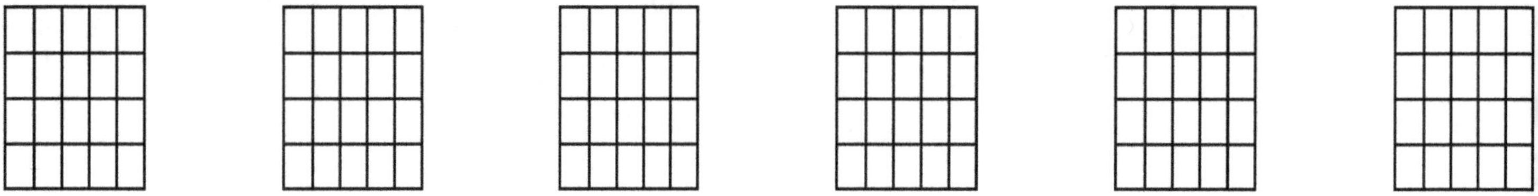

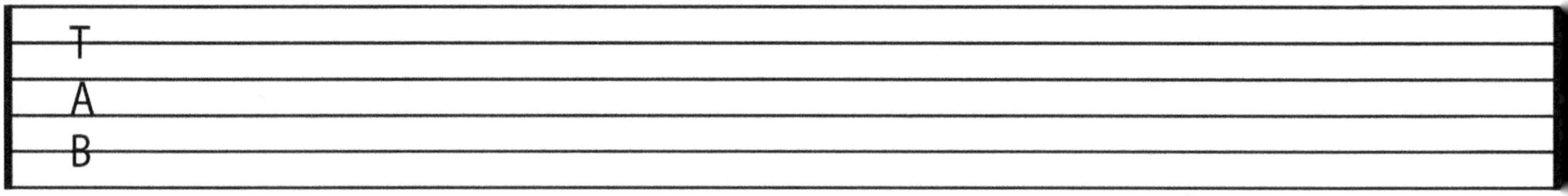

T
A
B

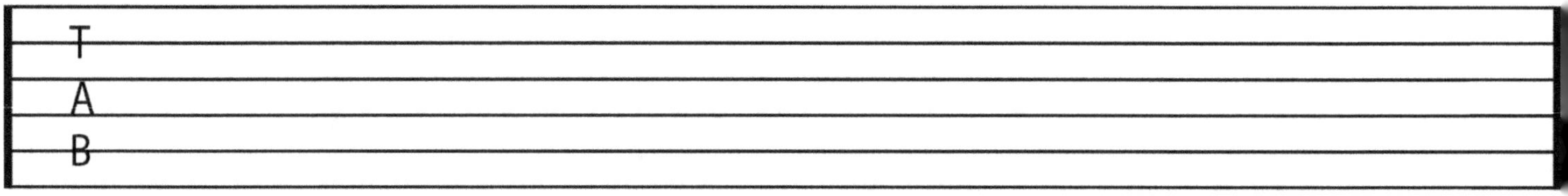

T
A
B

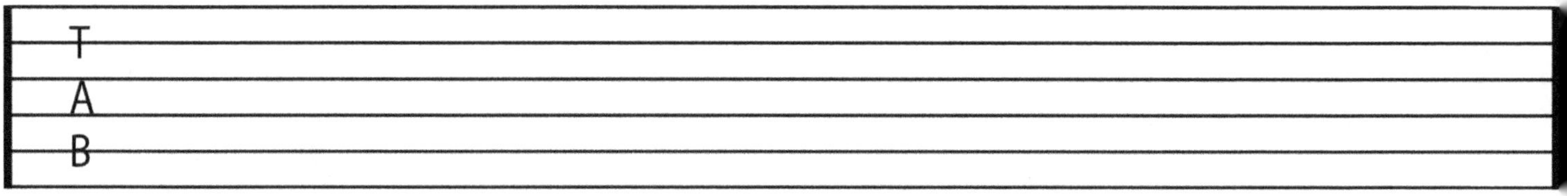

T
A
B

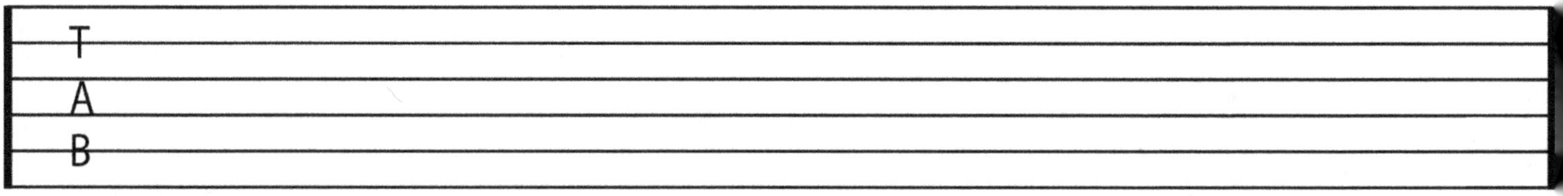

T
A
B

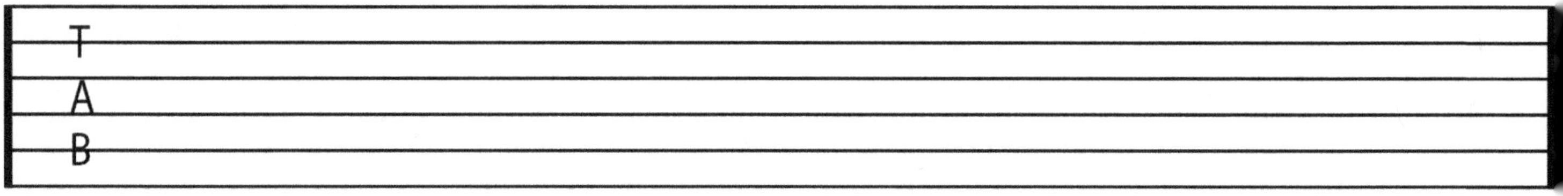

T
A
B

T
A
B

T
A
B

T
A
B

T
A
B

T
A
B

T
A
B

T
A
B

T
A
B

T
A
B

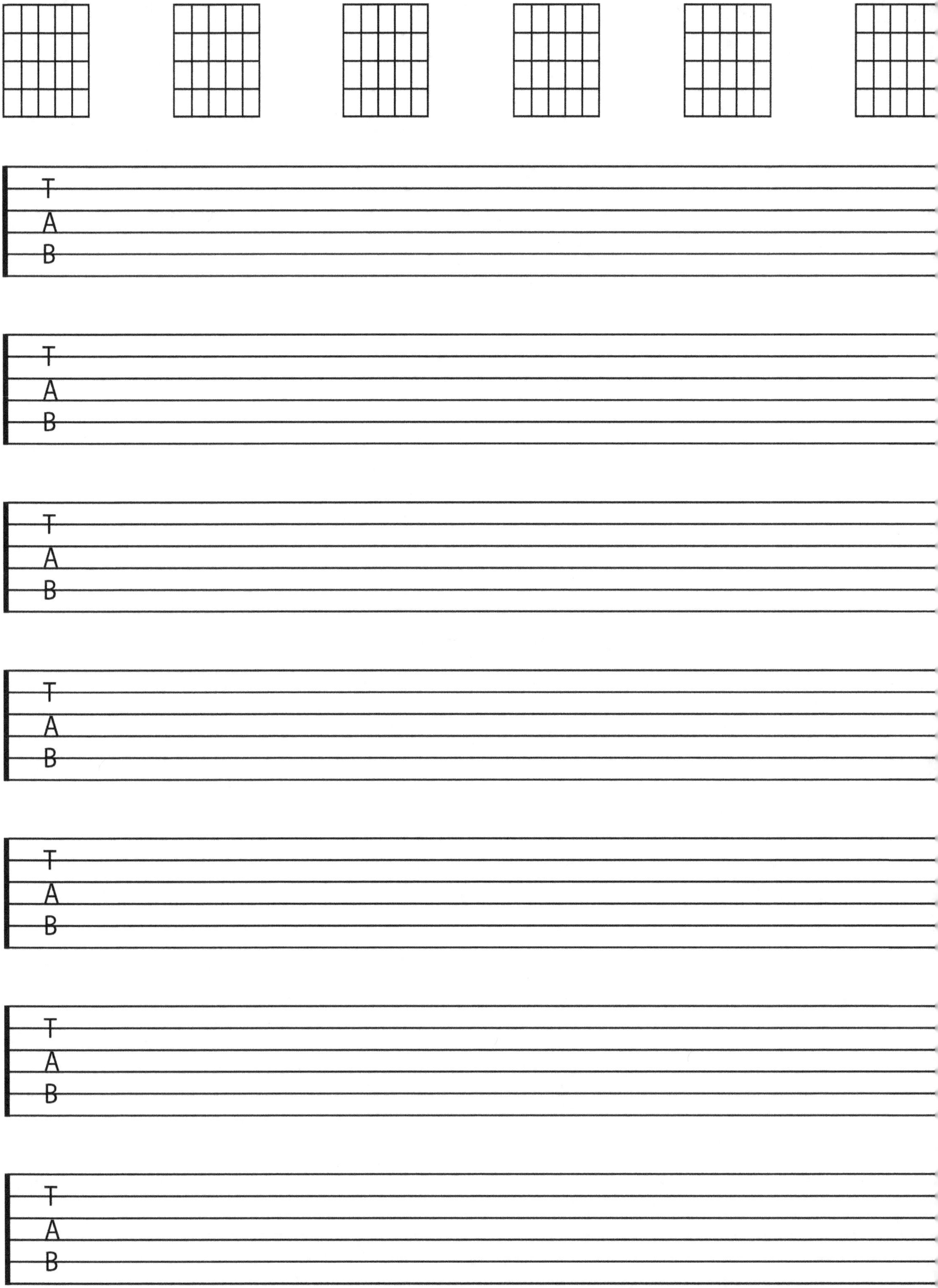

T
A
B

T
A
B

T
A
B

T
A
B

T
A
B

T
A
B

T
A
B

T
A
B

T
A
B

T
A
B

T
A
B

T
A
B

T
A
B

T
A
B

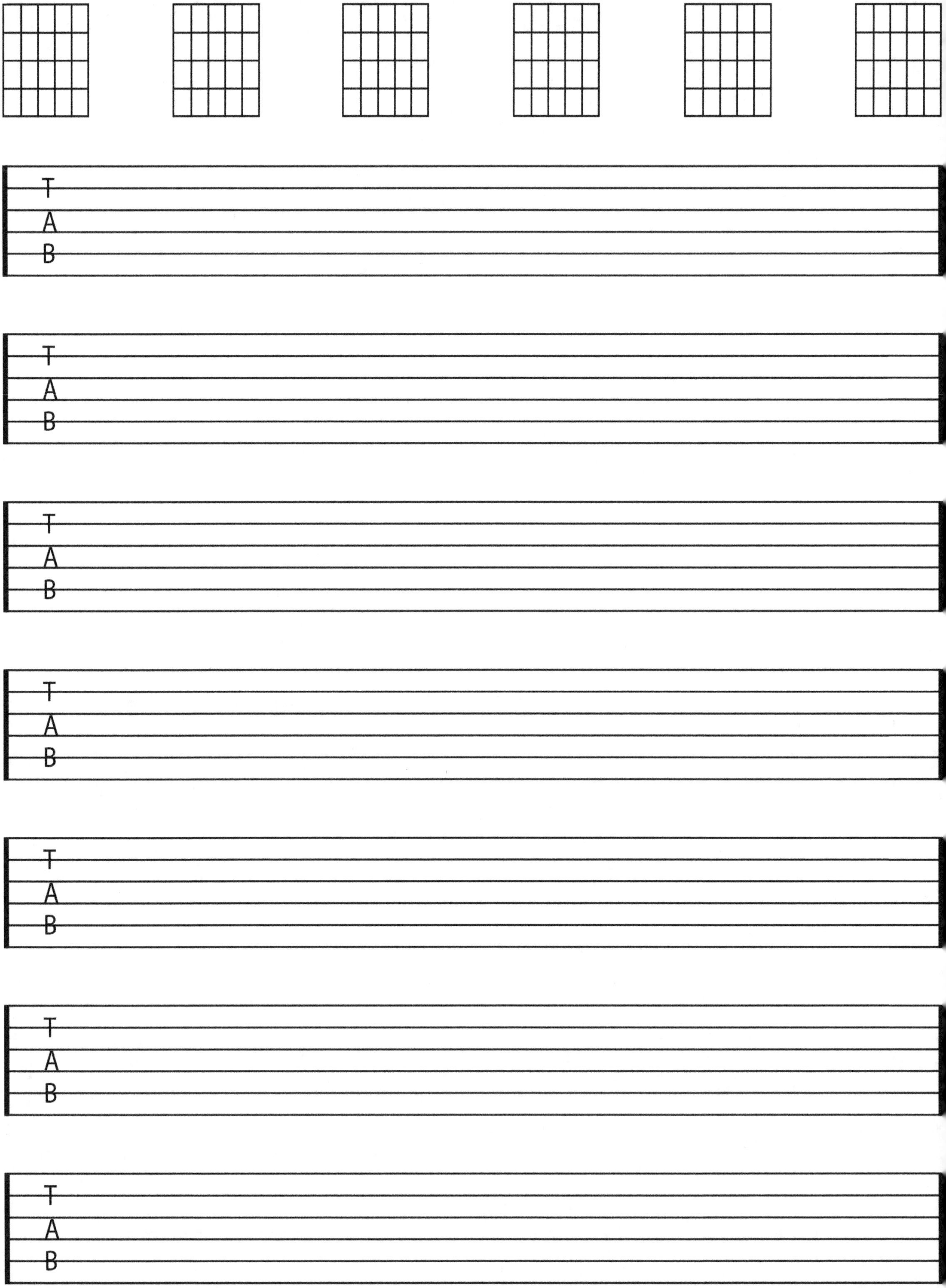

T
A
B

T
A
B

T
A
B

T
A
B

T
A
B

T
A
B

T
A
B

T
A
B

T
A
B

T
A
B

T
A
B

T
A
B

T
A
B

T
A
B

T
A
B

T
A
B

T
A
B

T
A
B

T
A
B

T
A
B

T
A
B

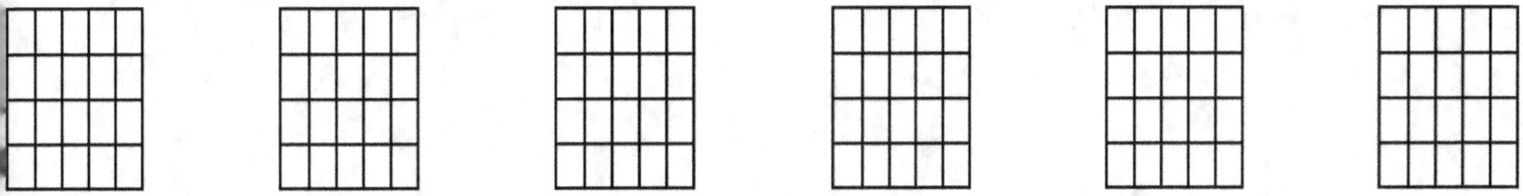

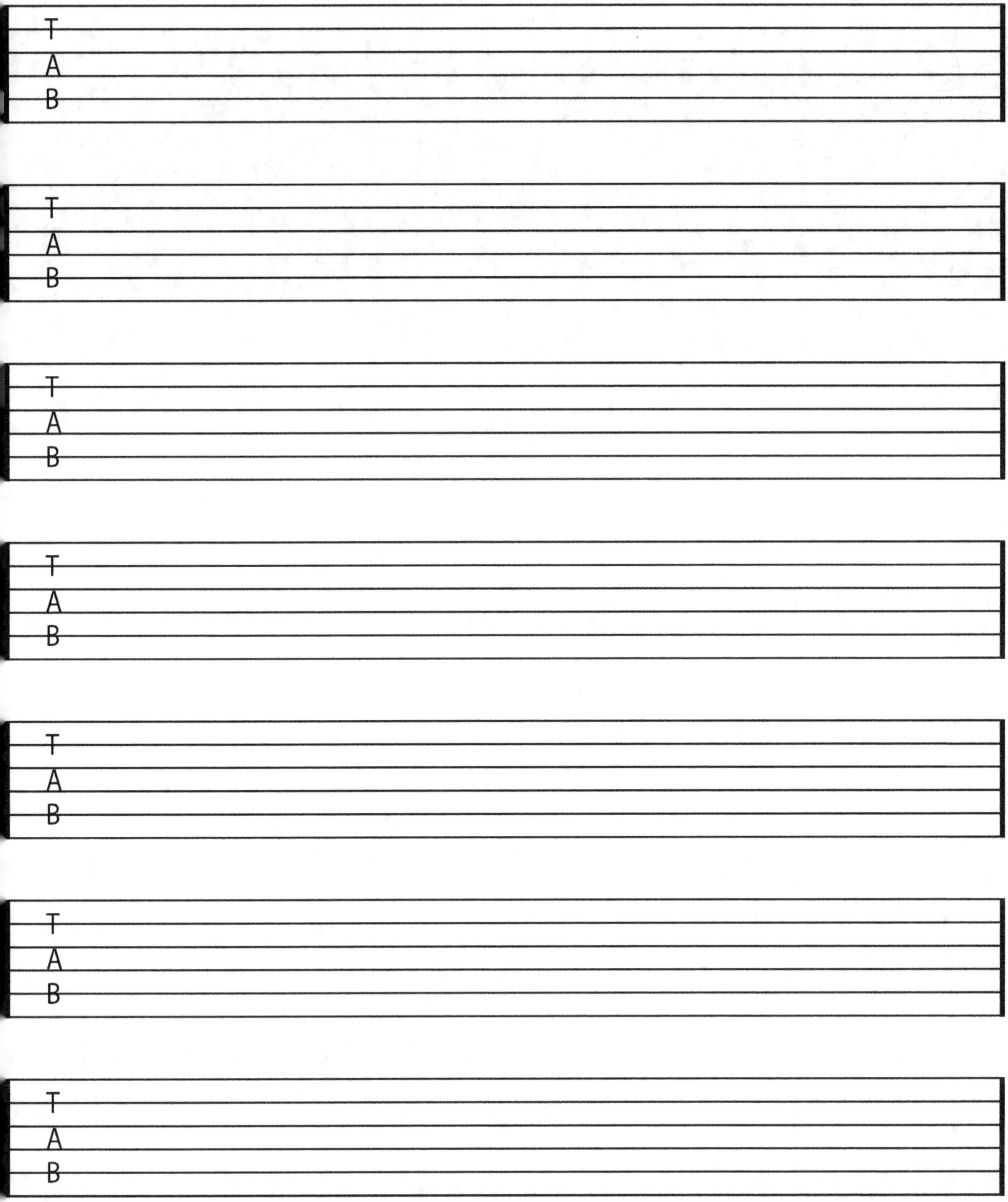

TAB

TAB

TAB

TAB

TAB

TAB

TAB

T
A
B

T
A
B

T
A
B

T
A
B

T
A
B

T
A
B

T
A
B

T
A
B

T
A
B

T
A
B

T
A
B

T
A
B

T
A
B

T
A
B

T
A
B

T
A
B

T
A
B

T
A
B

T
A
B

T
A
B

T
A
B

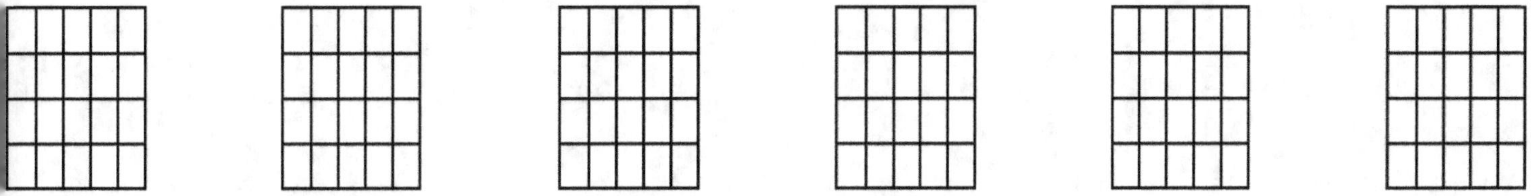

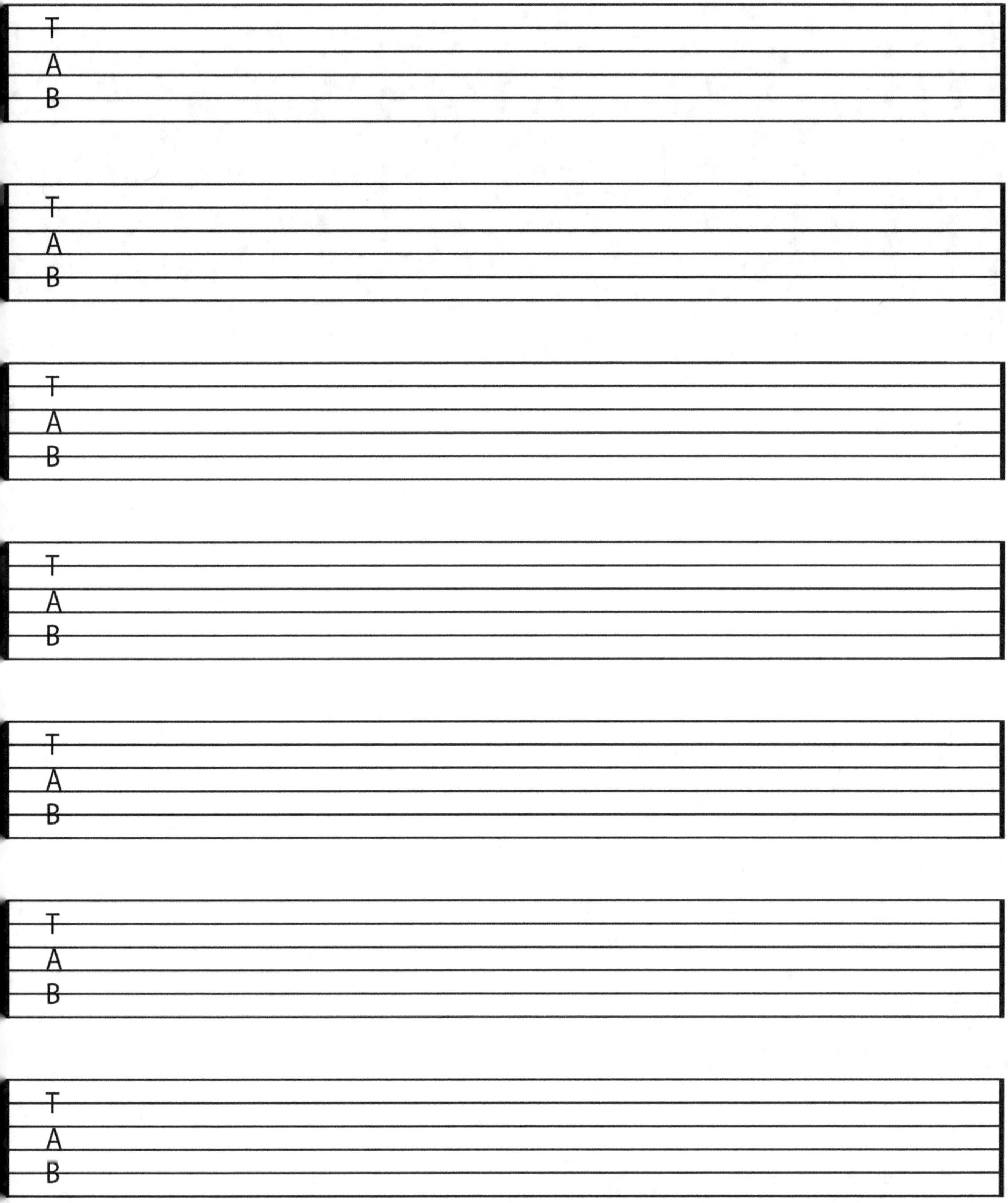

T
A
B

T
A
B

T
A
B

T
A
B

T
A
B

T
A
B

T
A
B

T
A
B

T
A
B

T
A
B

T
A
B

T
A
B

T
A
B

T
A
B

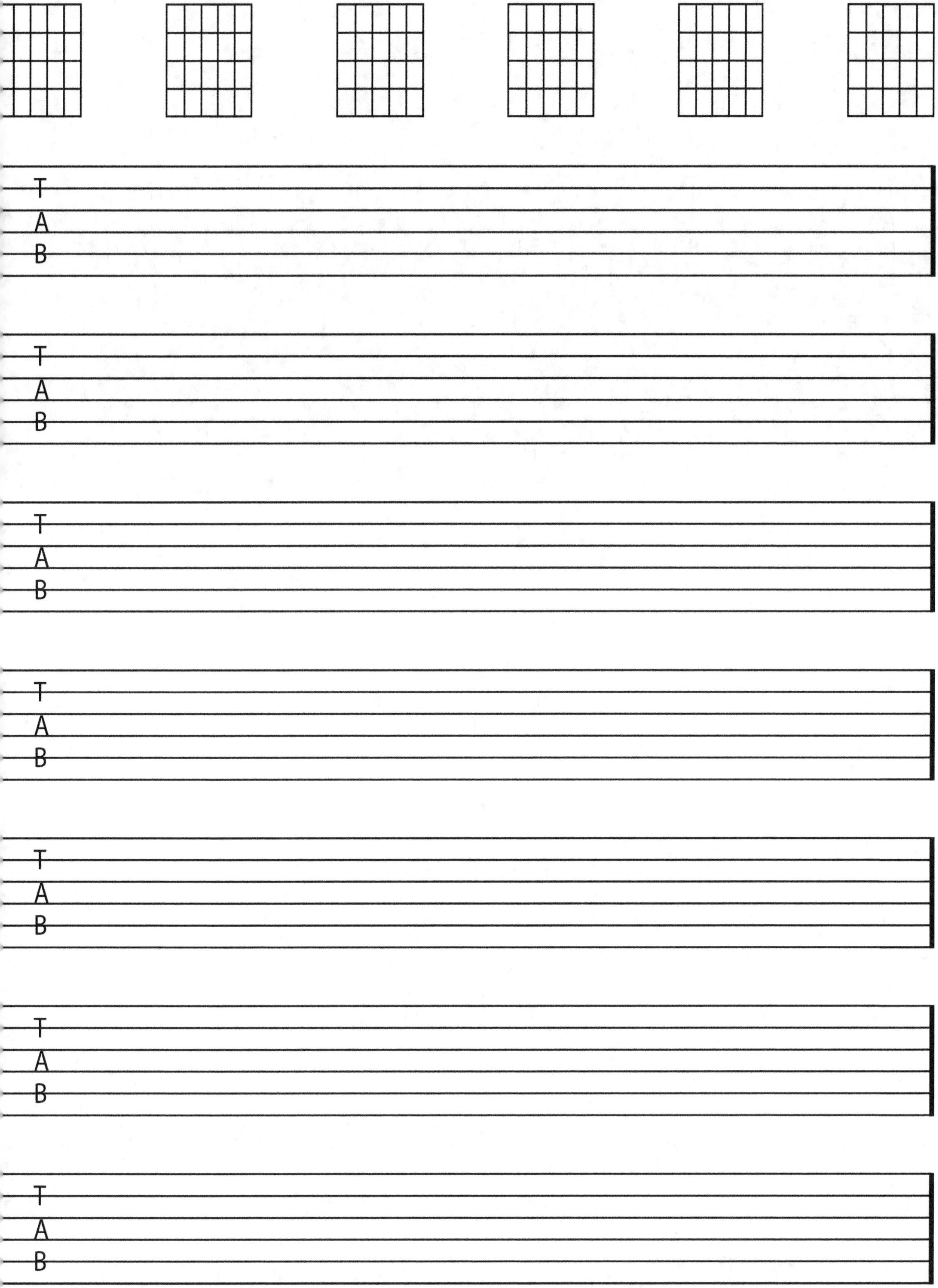

T
A
B

T
A
B

T
A
B

T
A
B

T
A
B

T
A
B

T
A
B

T
A
B

T
A
B

T
A
B

T
A
B

T
A
B

T
A
B

T
A
B

T
A
B

T
A
B

T
A
B

T
A
B

T
A
B

T
A
B

T
A
B

T
A
B

T
A
B

T
A
B

T
A
B

T
A
B

T
A
B

T
A
B

T
A
B

T
A
B

T
A
B

T
A
B

T
A
B

T
A
B

T
A
B

T
A
B

T
A
B

T
A
B

T
A
B

T
A
B

T
A
B

T
A
B

T
A
B

T
A
B

T
A
B

T
A
B

T
A
B

T
A
B

T
A
B

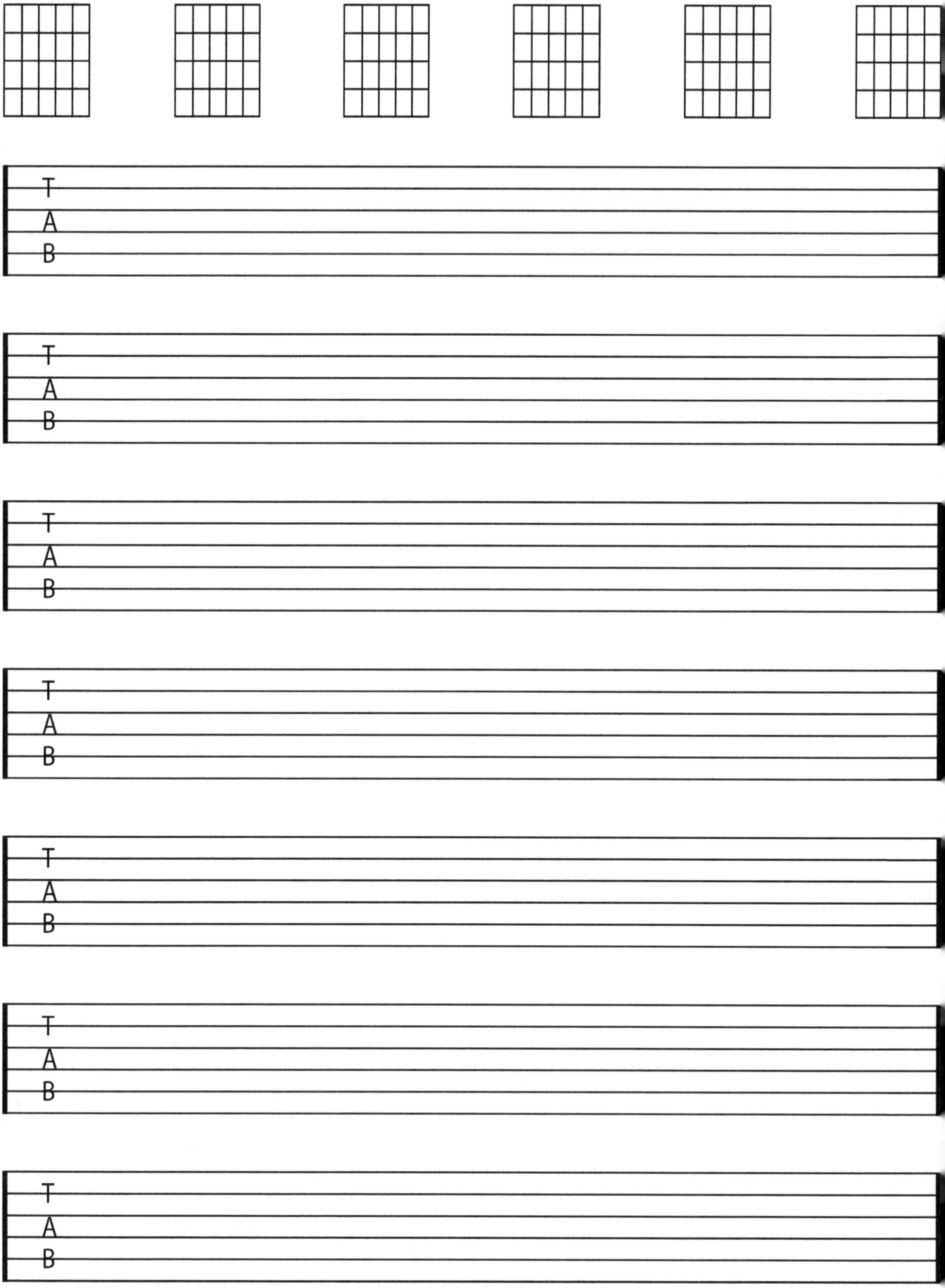

T
A
B

T
A
B

T
A
B

T
A
B

T
A
B

T
A
B

T
A
B

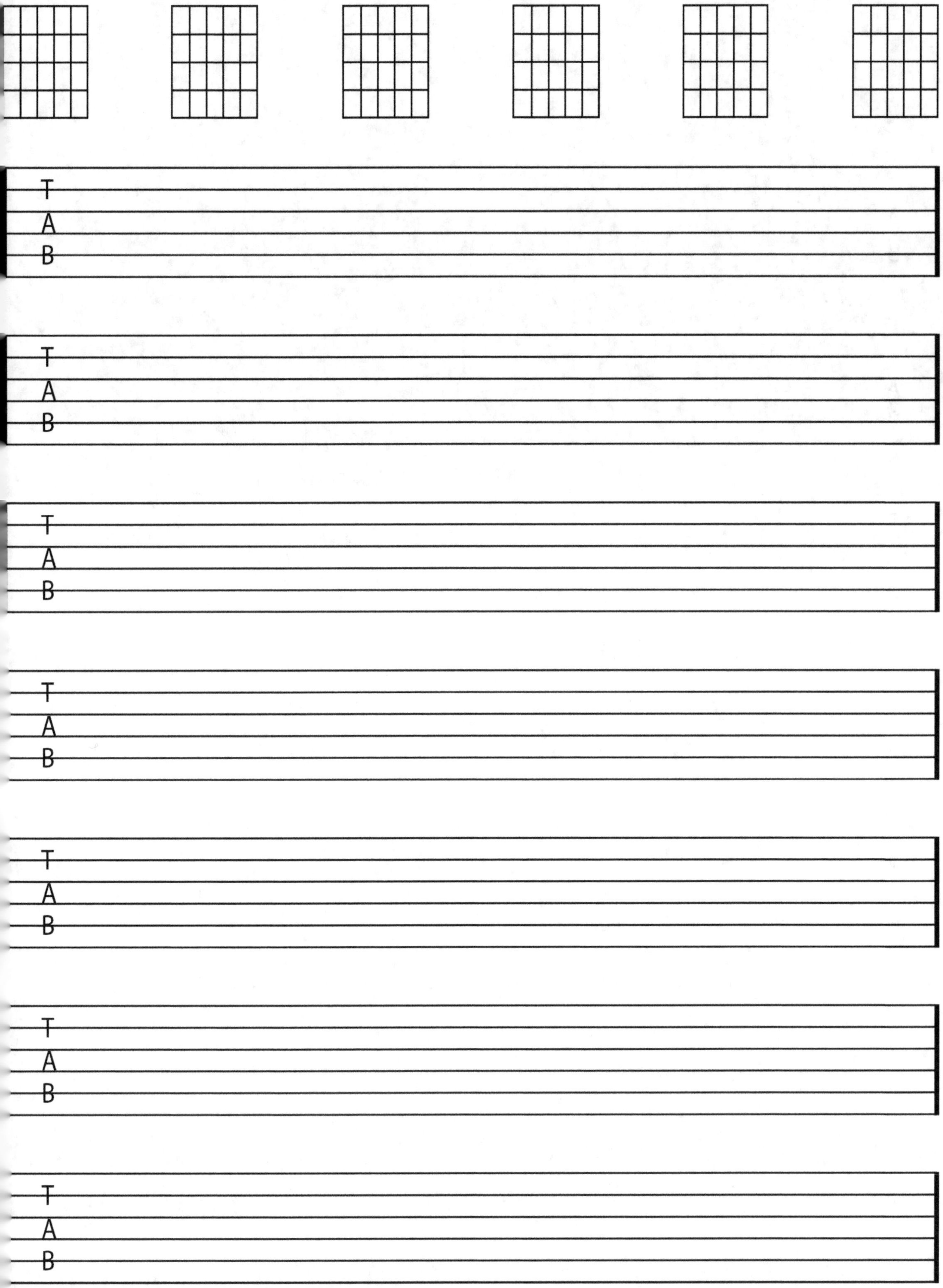

T
A
B

T
A
B

T
A
B

T
A
B

T
A
B

T
A
B

T
A
B

T
A
B

T
A
B

T
A
B

T
A
B

T
A
B

T
A
B

T
A
B

T
A
B

T
A
B

T
A
B

T
A
B

T
A
B

T
A
B

T
A
B

T
A
B

T
A
B

T
A
B

T
A
B

T
A
B

T
A
B

T
A
B

T
A
B

T
A
B

T
A
B

T
A
B

T
A
B

T
A
B

T
A
B

T
A
B

T
A
B

T
A
B

T
A
B

T
A
B

T
A
B

T
A
B

T
A
B

T
A
B

T
A
B

T
A
B

T
A
B

T
A
B

T
A
B

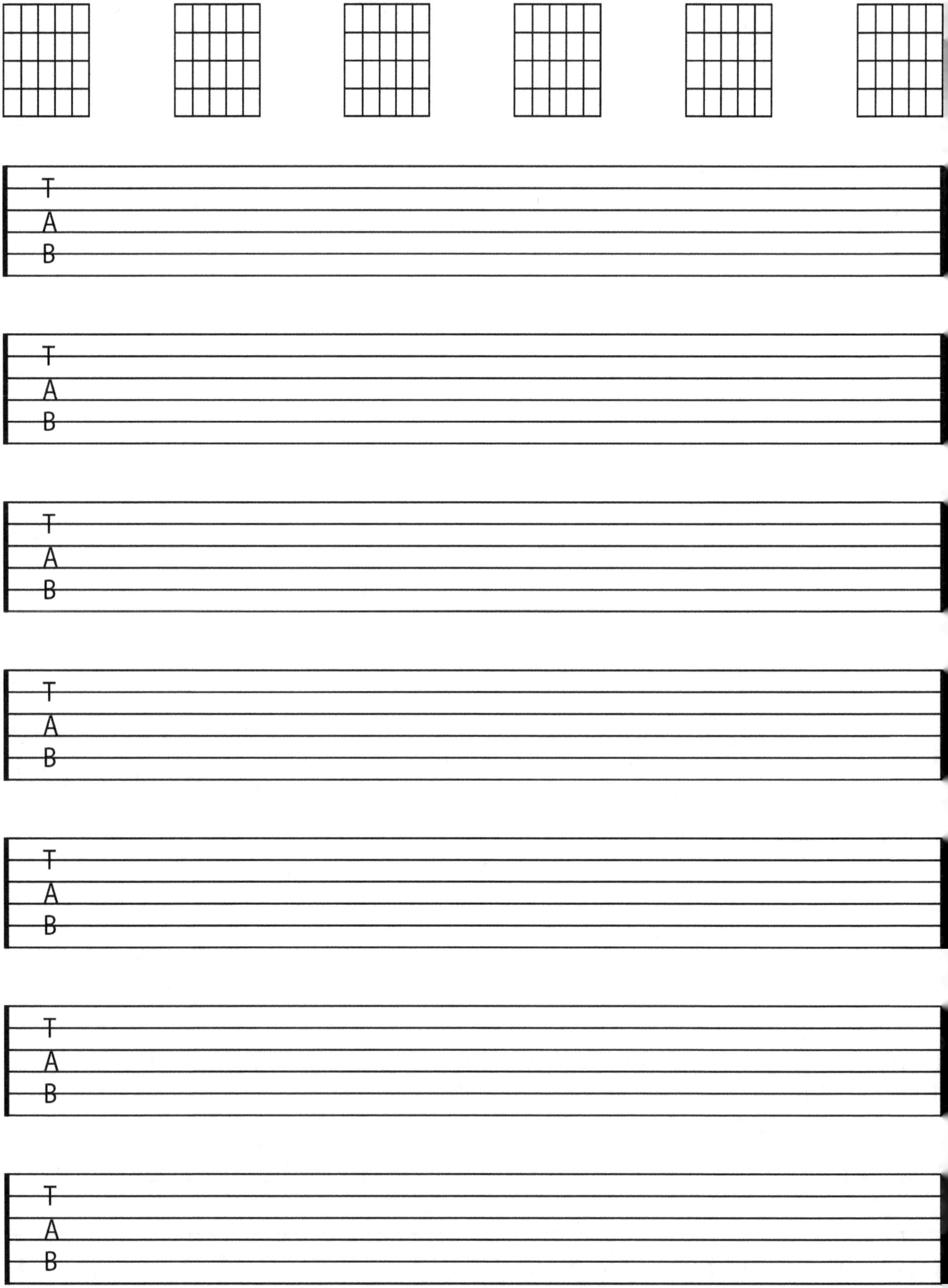

T
A
B

T
A
B

T
A
B

T
A
B

T
A
B

T
A
B

T
A
B

T
A
B

T
A
B

T
A
B

T
A
B

T
A
B

T
A
B

T
A
B

T
A
B

T
A
B

T
A
B

T
A
B

T
A
B

T
A
B

T
A
B

T
A
B

T
A
B

T
A
B

T
A
B

T
A
B

T
A
B

T
A
B

T
A
B

T
A
B

T
A
B

T
A
B

T
A
B

T
A
B

T
A
B

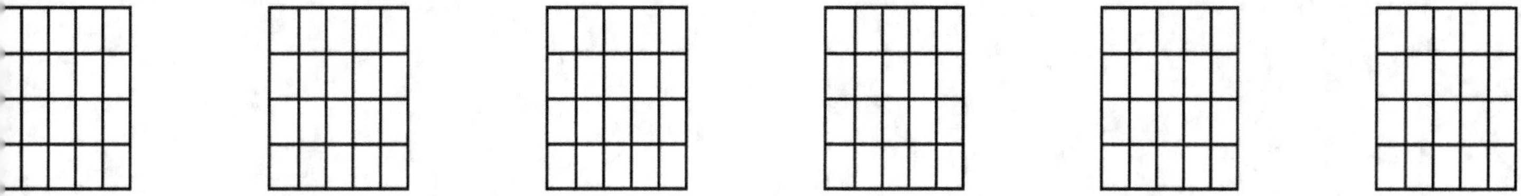

T
A
B

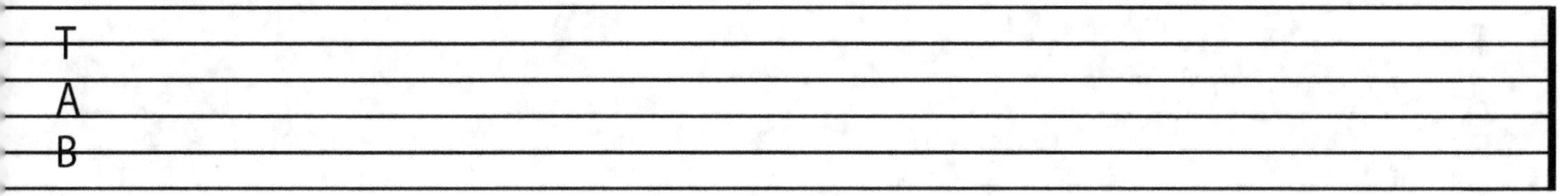

T
A
B

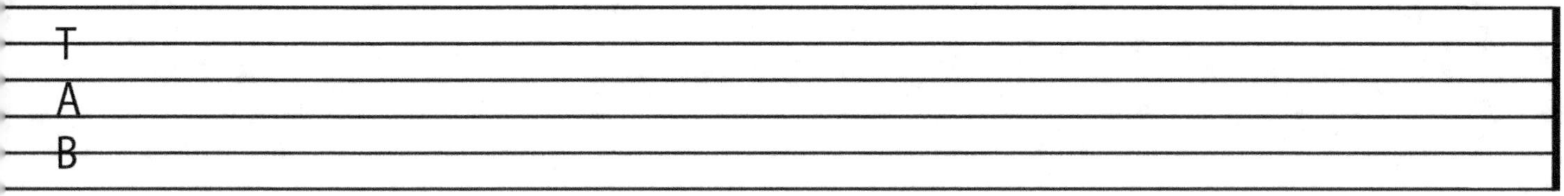

T
A
B

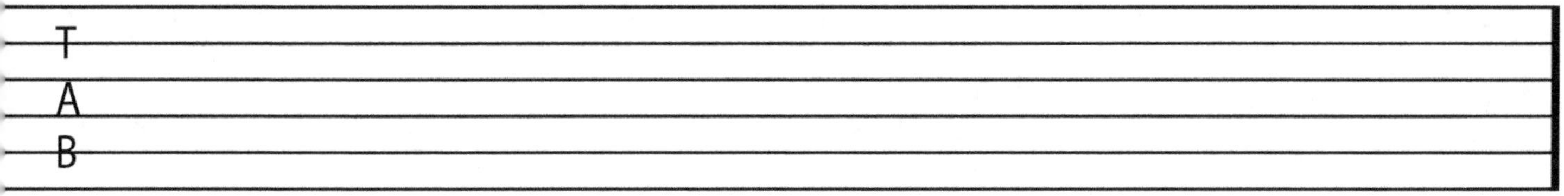

T
A
B

T
A
B

T
A
B

T
A
B

TAB

TAB

TAB

TAB

TAB

TAB

TAB

T
A
B

T
A
B

T
A
B

T
A
B

T
A
B

T
A
B

T
A
B

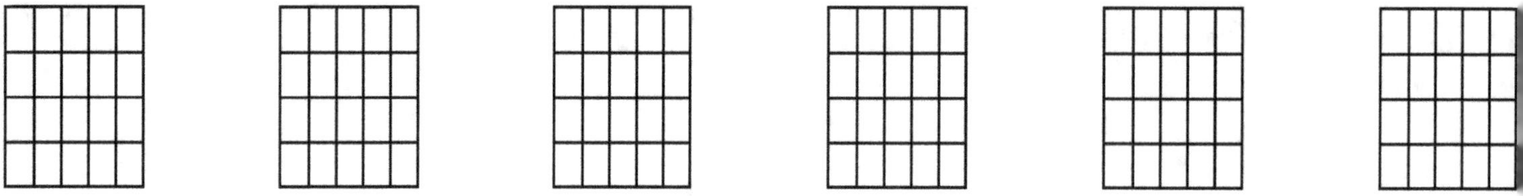

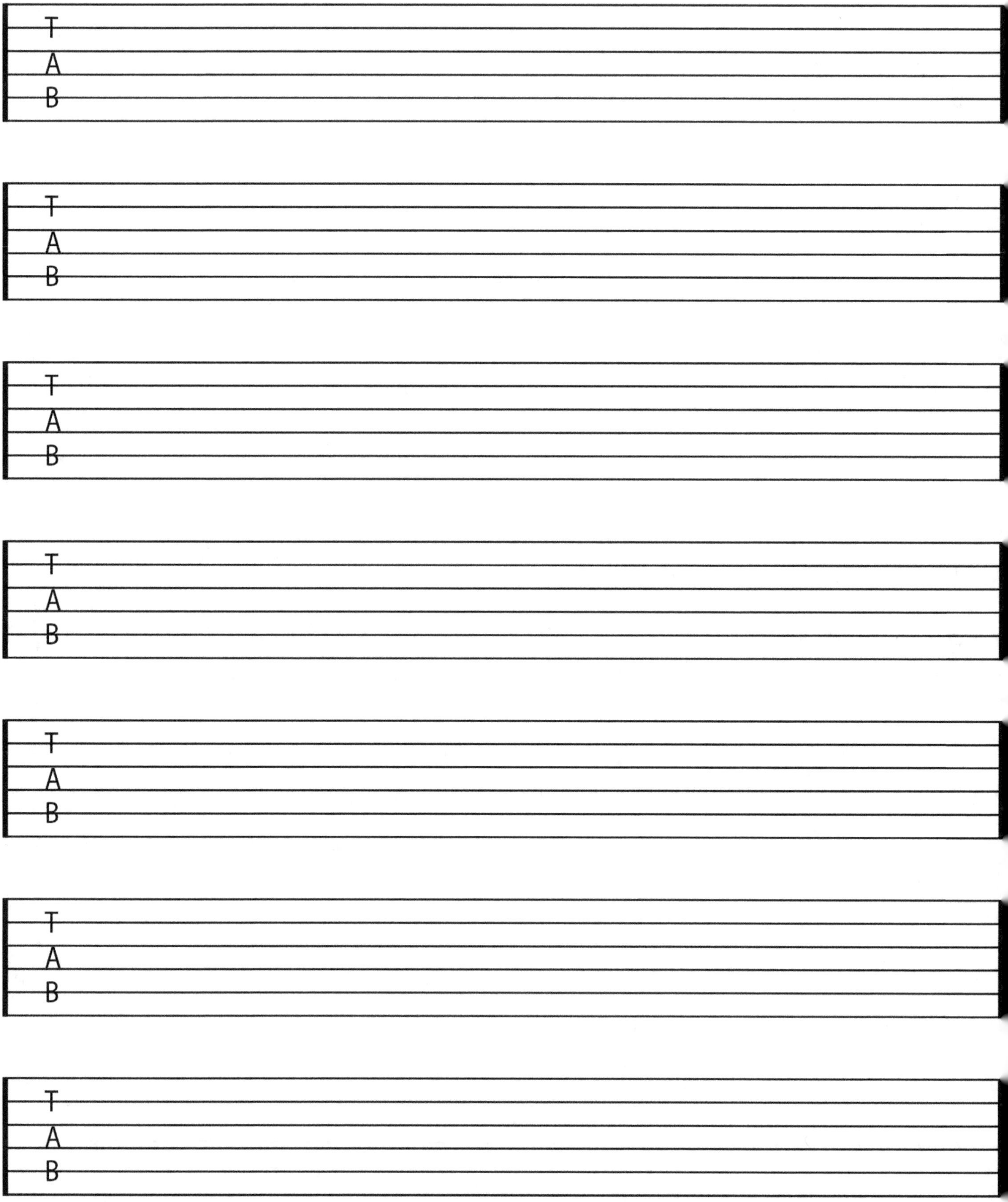

T
A
B

T
A
B

T
A
B

T
A
B

T
A
B

T
A
B

T
A
B

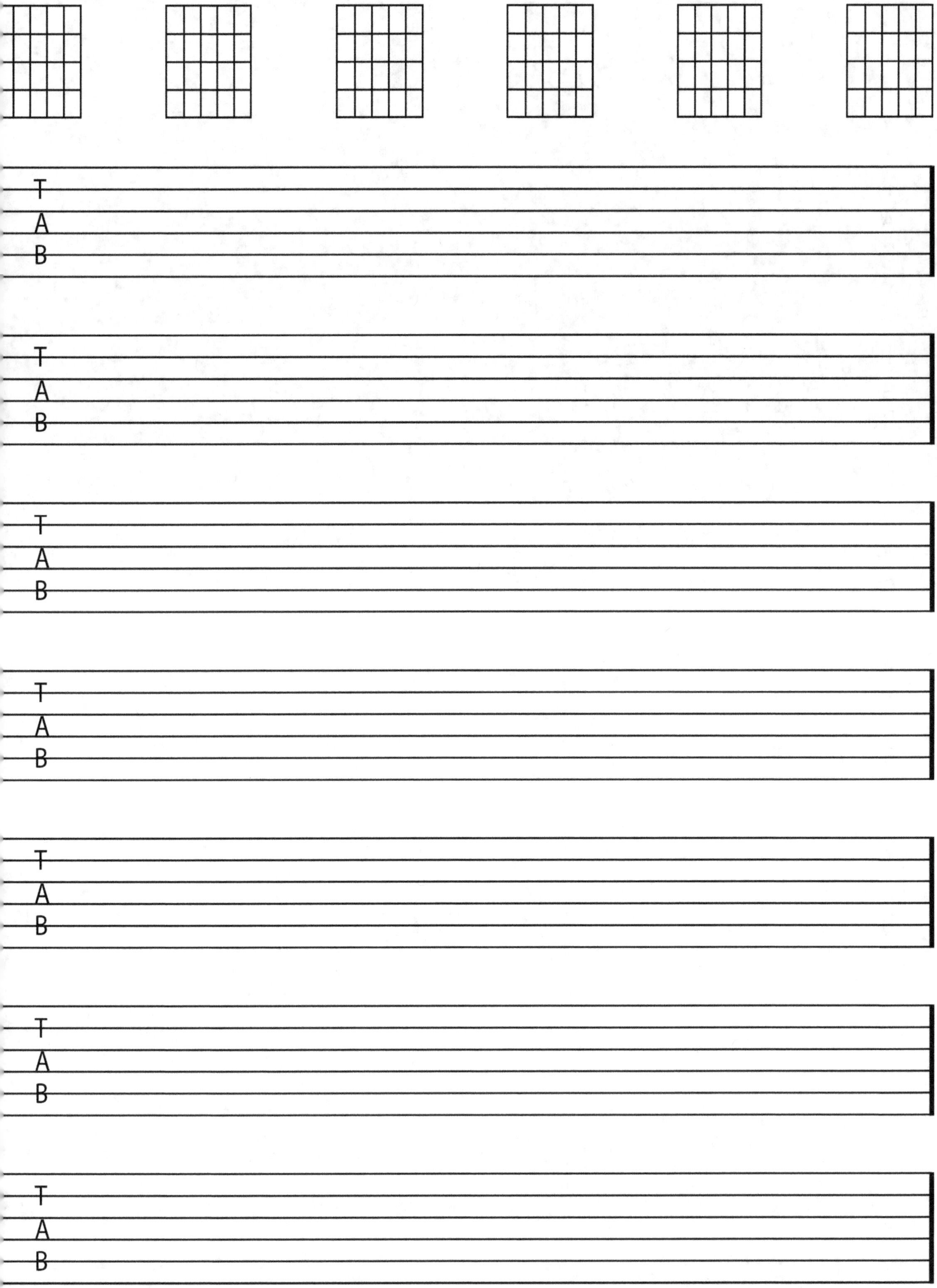

T
A
B

T
A
B

T
A
B

T
A
B

T
A
B

T
A
B

T
A
B

T
A
B

T
A
B

T
A
B

T
A
B

T
A
B

T
A
B

T
A
B

T
A
B

T
A
B

T
A
B

T
A
B

T
A
B

T
A
B

T
A
B

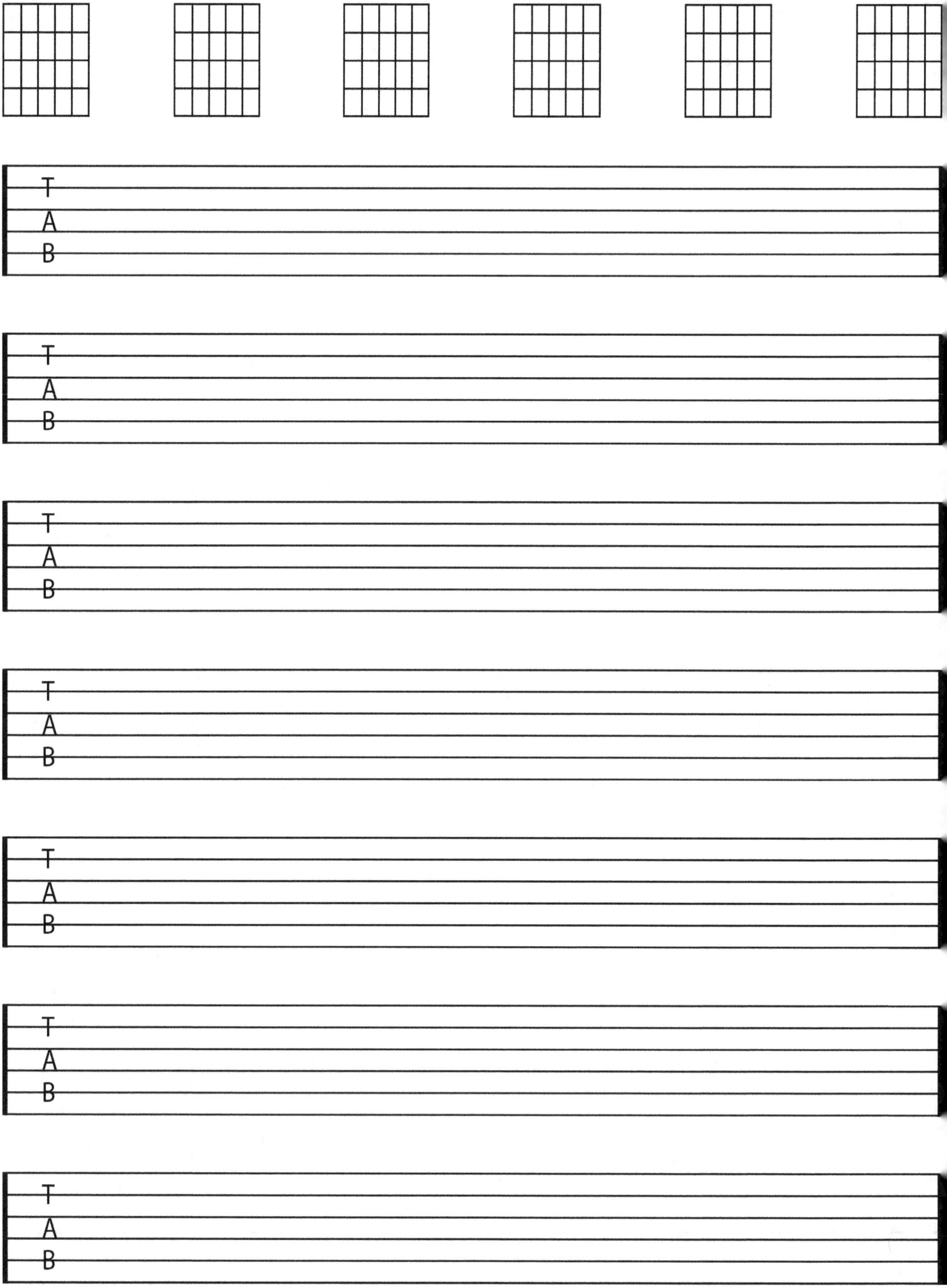

T
A
B

T
A
B

T
A
B

T
A
B

T
A
B

T
A
B

T
A
B

T
A
B

T
A
B

T
A
B

T
A
B

T
A
B

T
A
B

T
A
B

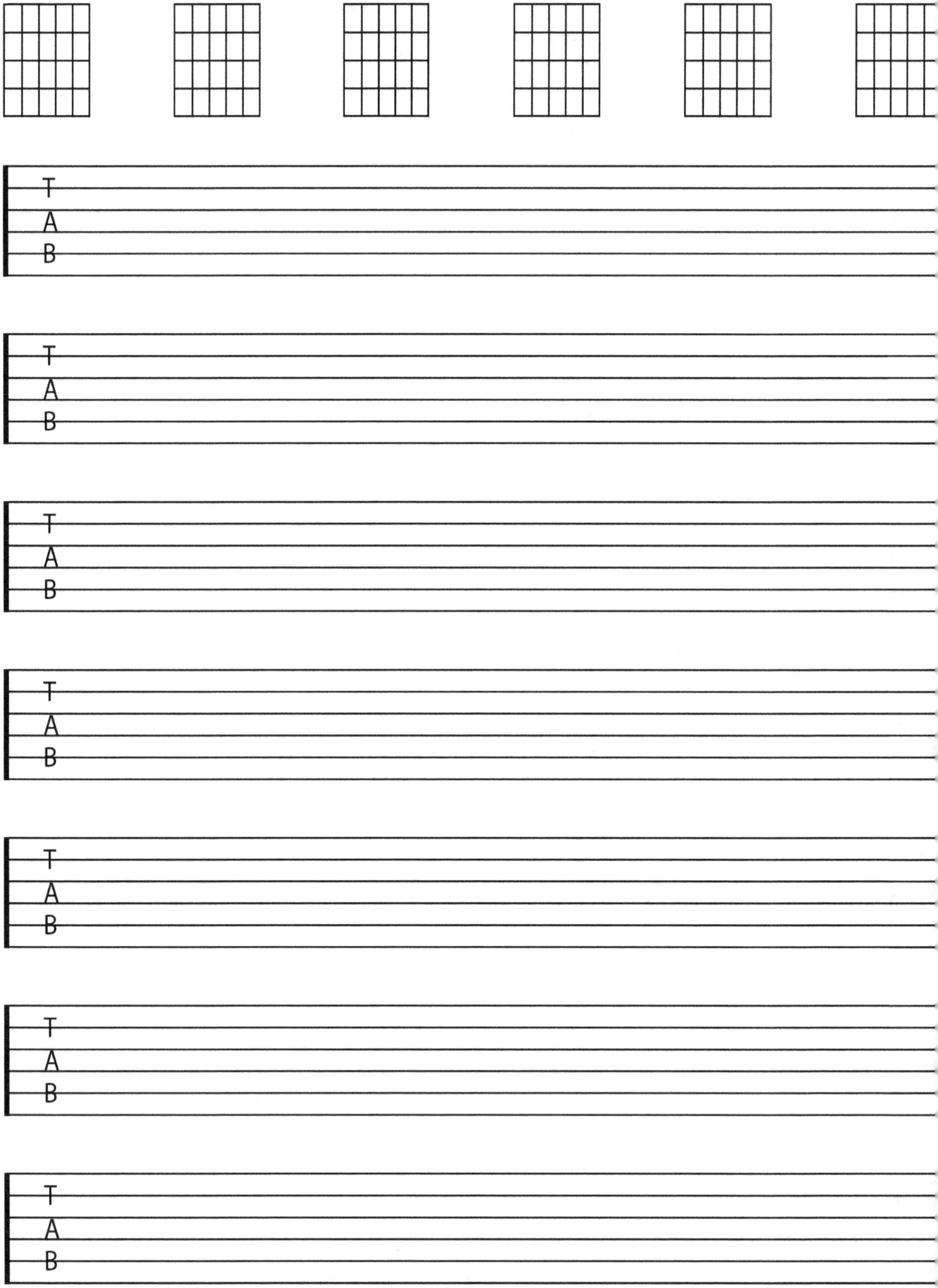

TAB

TAB

TAB

TAB

TAB

TAB

TAB

T
A
B

T
A
B

T
A
B

T
A
B

T
A
B

T
A
B

T
A
B

TAB

TAB

TAB

TAB

TAB

TAB

TAB

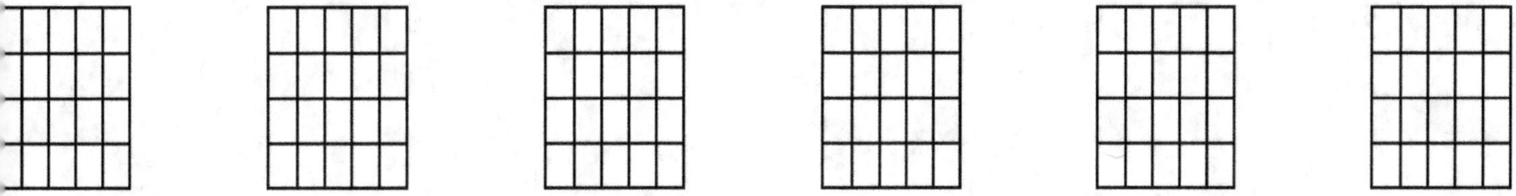

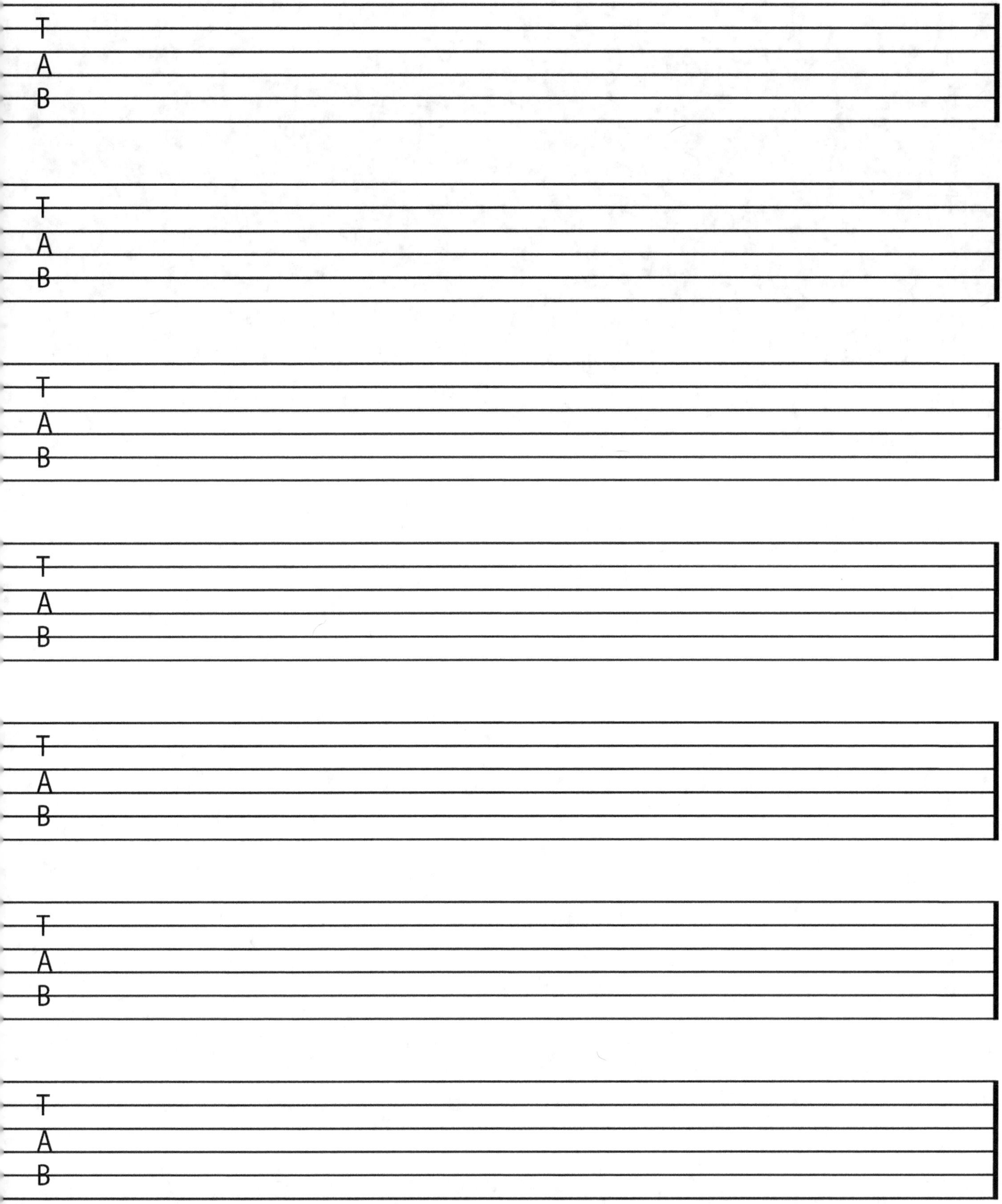

T
A
B

T
A
B

T
A
B

T
A
B

T
A
B

T
A
B

T
A
B

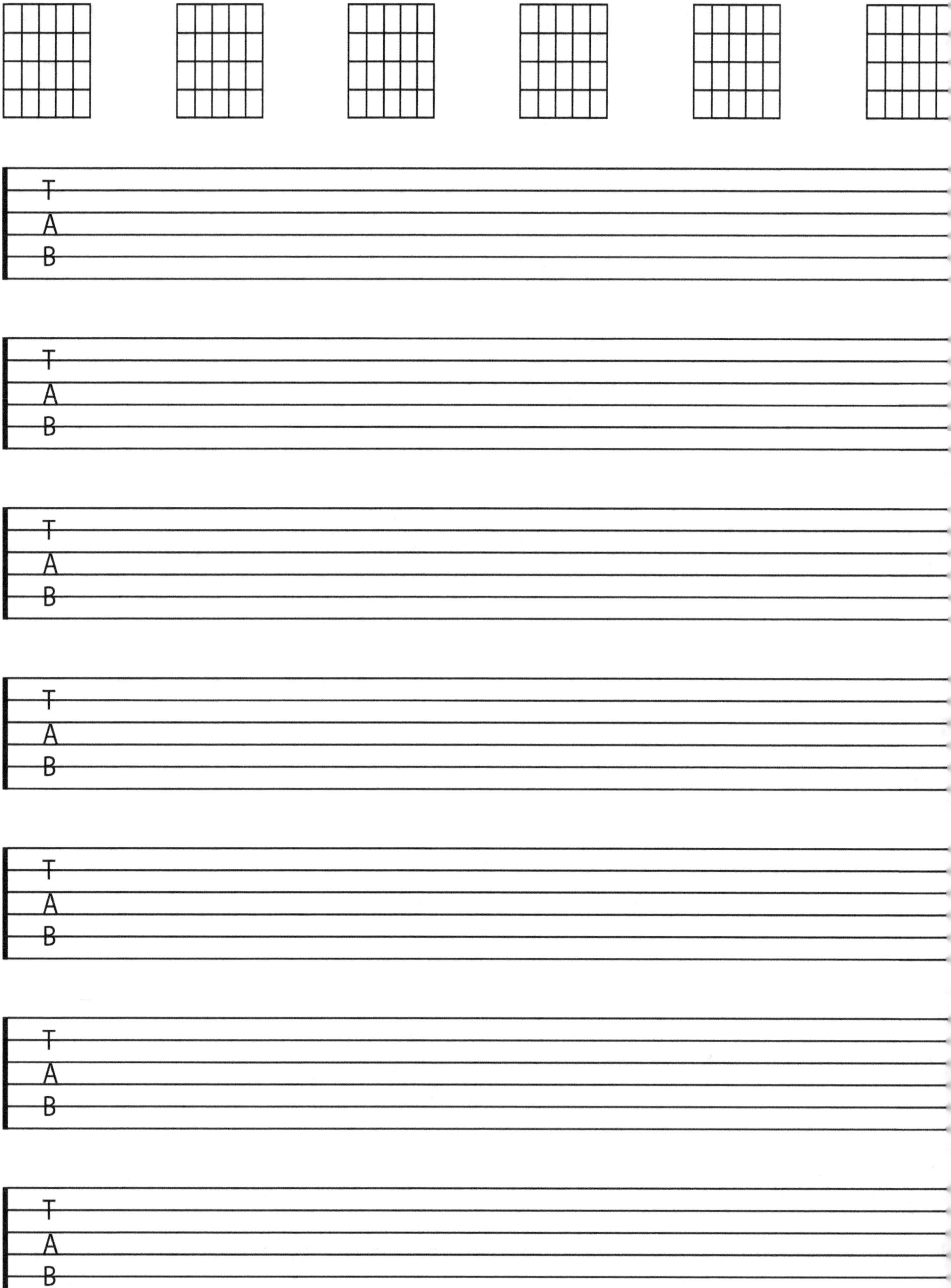

T
A
B

T
A
B

T
A
B

T
A
B

T
A
B

T
A
B

T
A
B

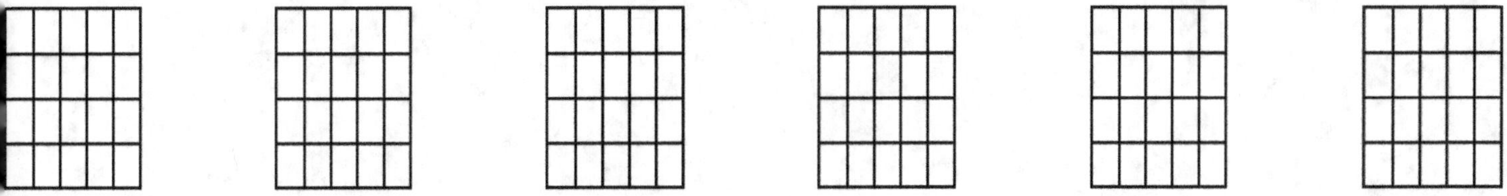

TAB

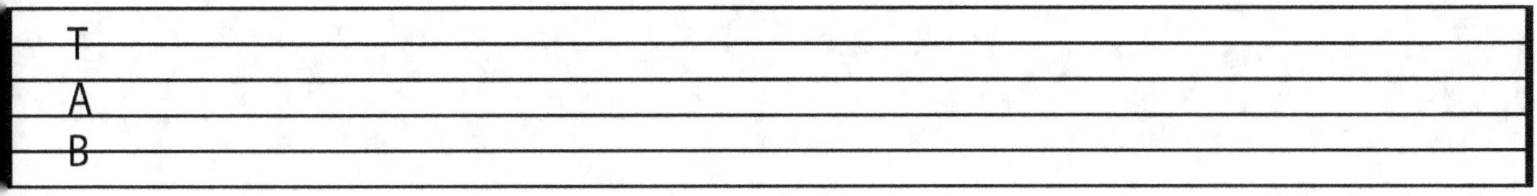

TAB

TAB

TAB

TAB

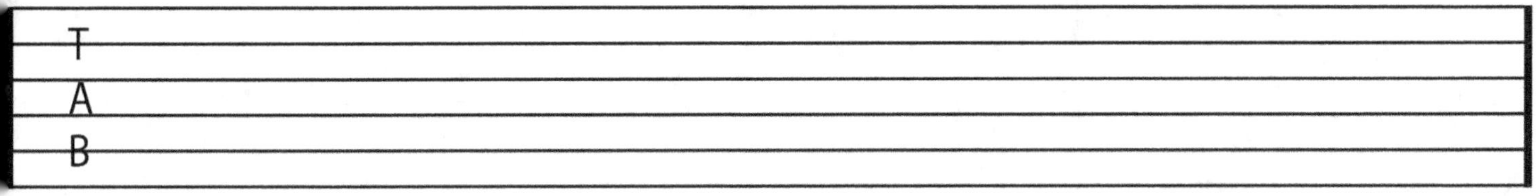

TAB

TAB

T
A
B

T
A
B

T
A
B

T
A
B

T
A
B

T
A
B

T
A
B

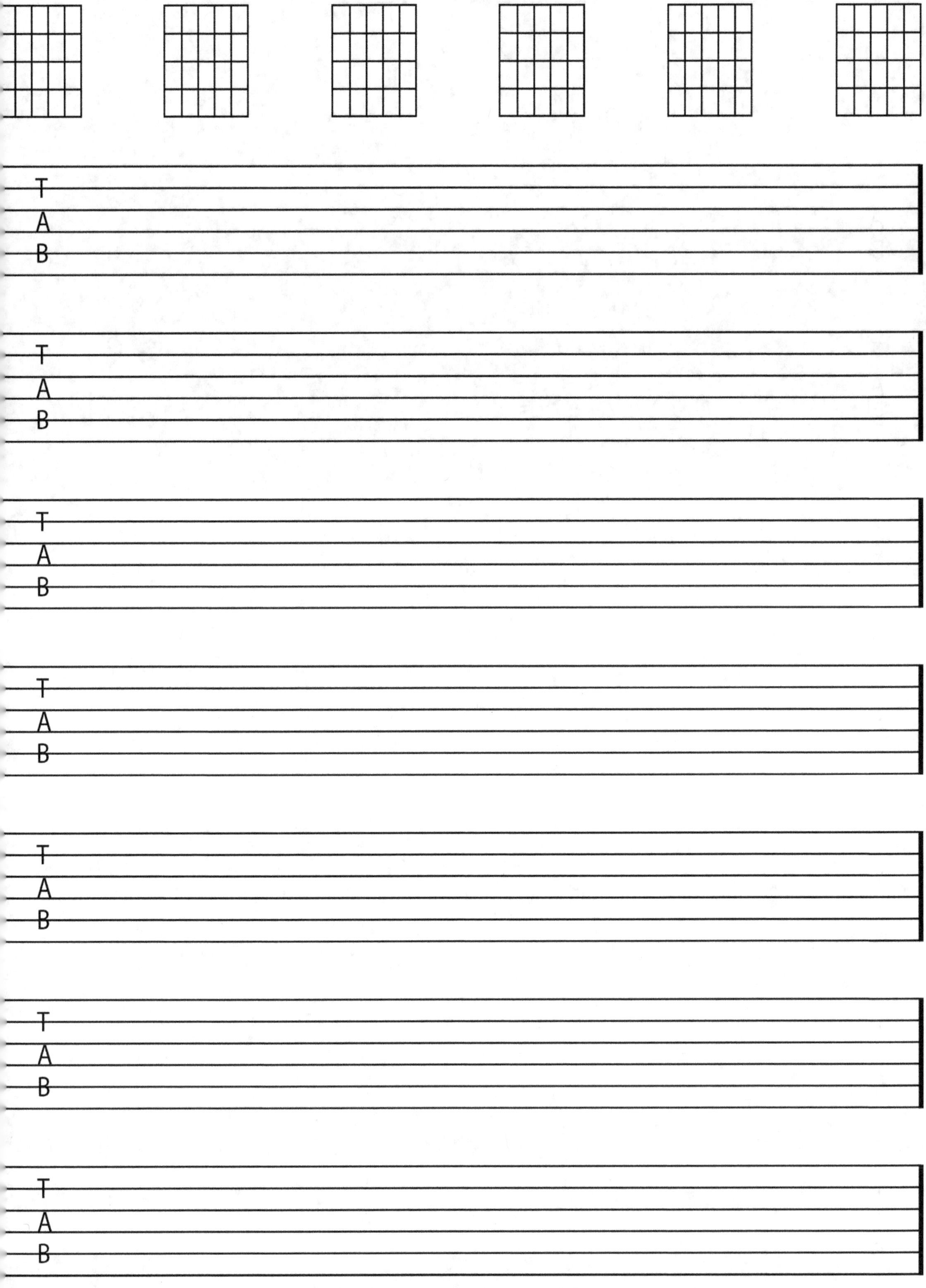

T
A
B

T
A
B

T
A
B

T
A
B

T
A
B

T
A
B

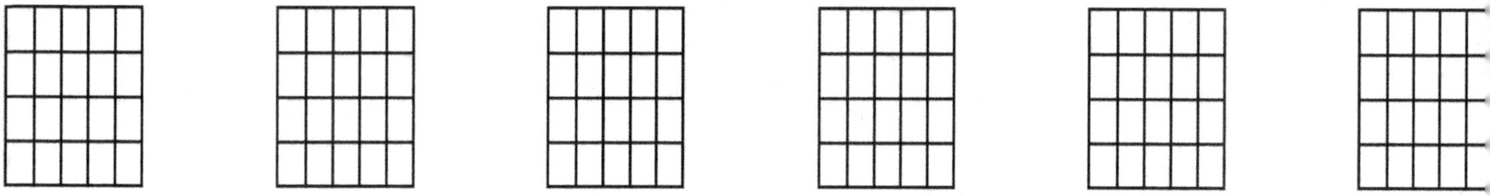

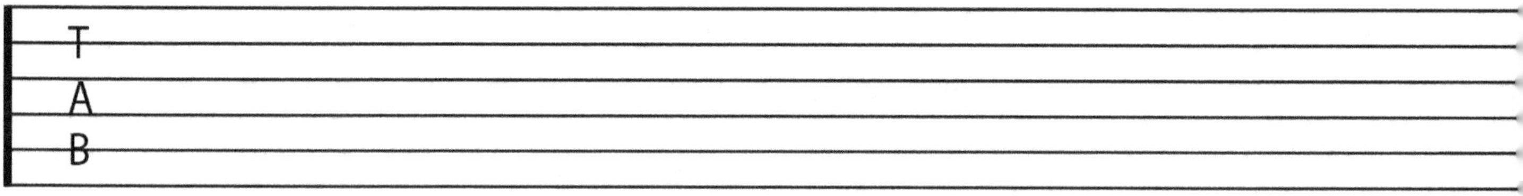

T
A
B

T
A
B

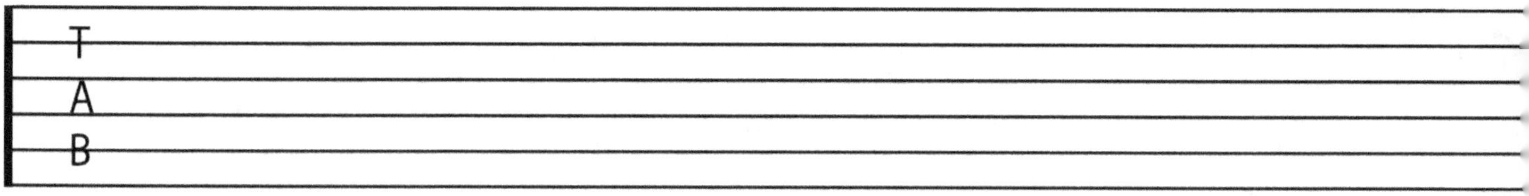

T
A
B

T
A
B

T
A
B

T
A
B

T
A
B

T
A
B

T
A
B

T
A
B

T
A
B

T
A
B

T
A
B

T
A
B

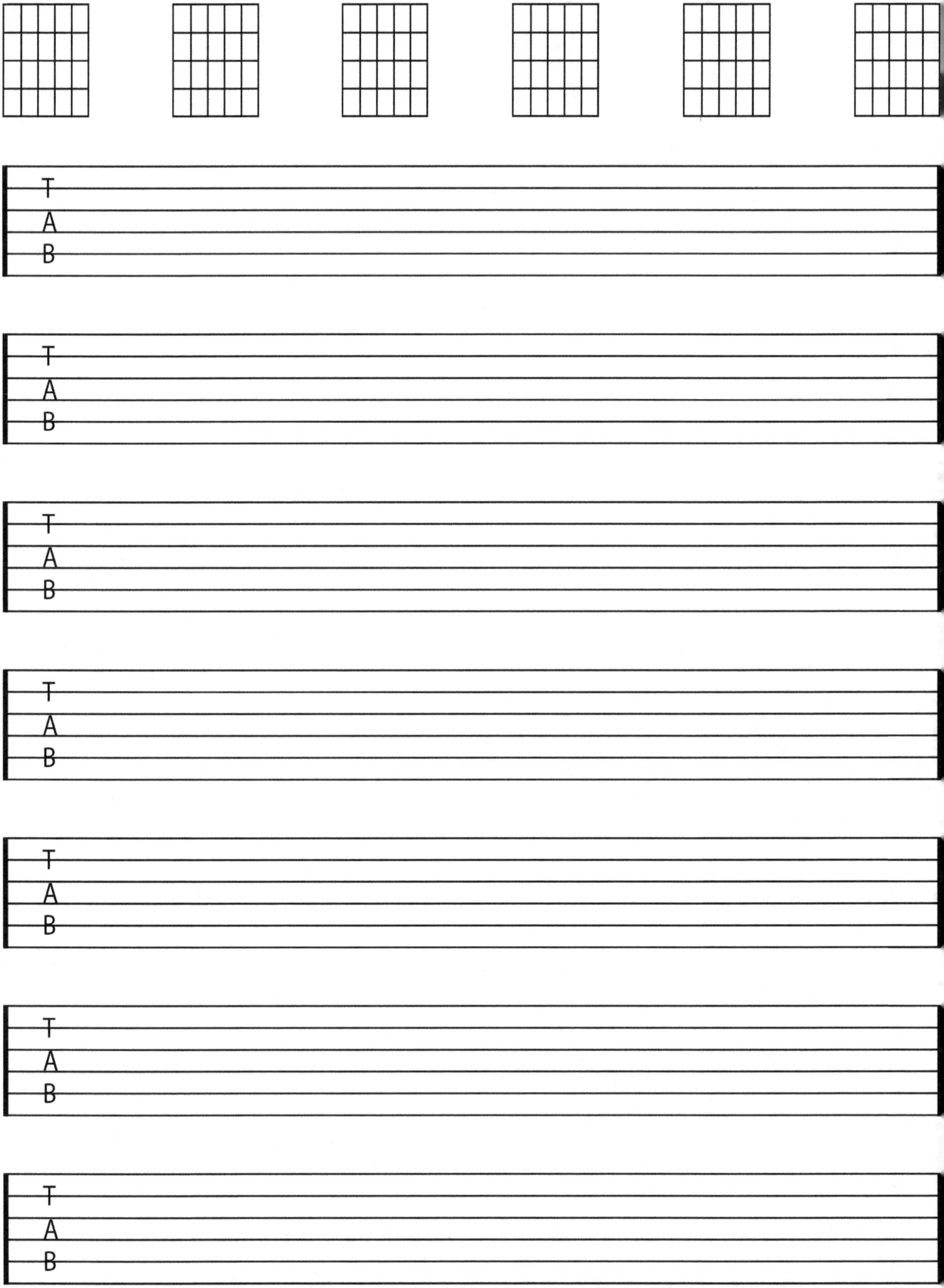

T
A
B

T
A
B

T
A
B

T
A
B

T
A
B

T
A
B

T
A
B

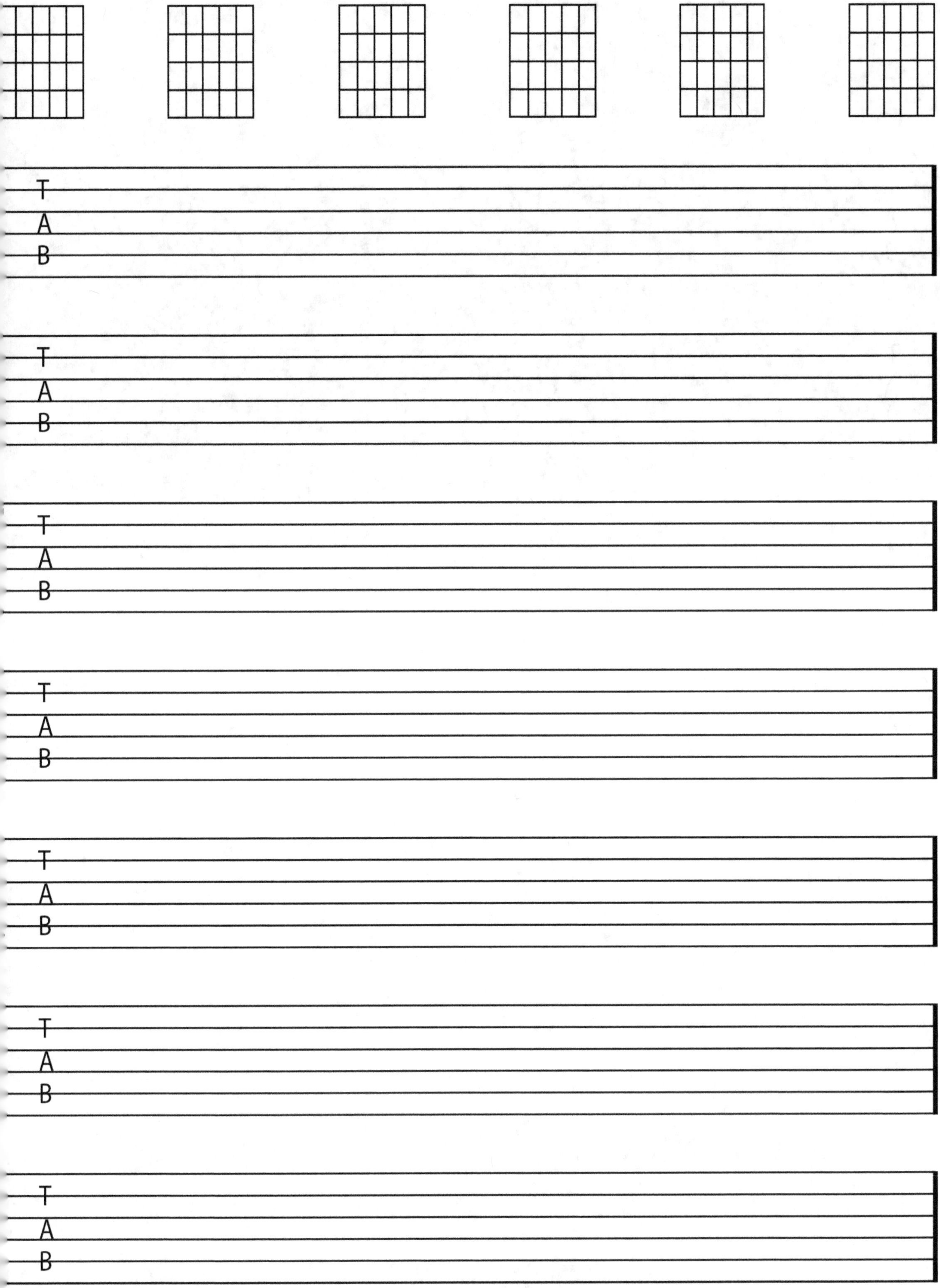

T
A
B

T
A
B

T
A
B

T
A
B

T
A
B

T
A
B

T
A
B

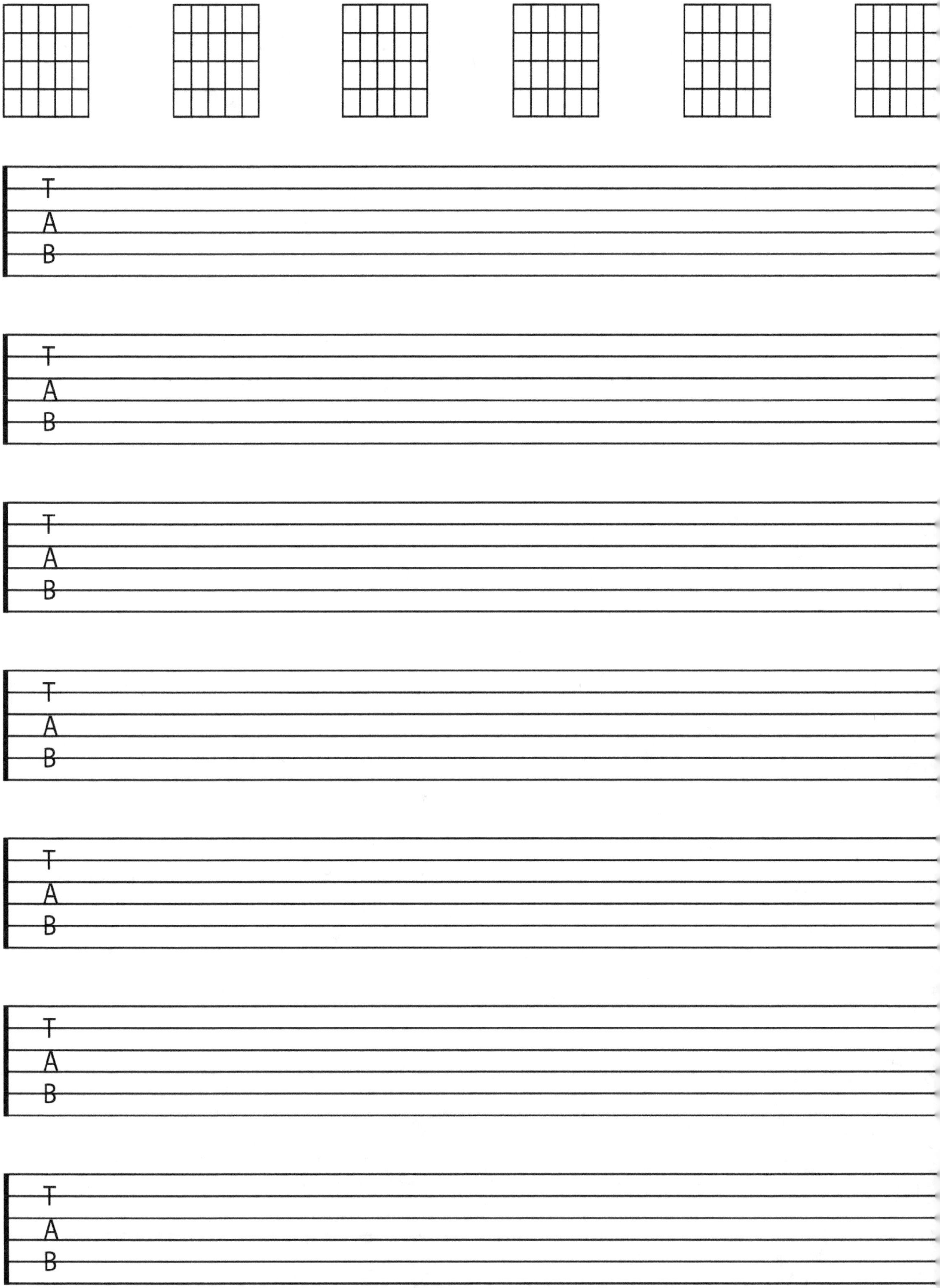

T
A
B

T
A
B

T
A
B

T
A
B

T
A
B

T
A
B

T
A
B

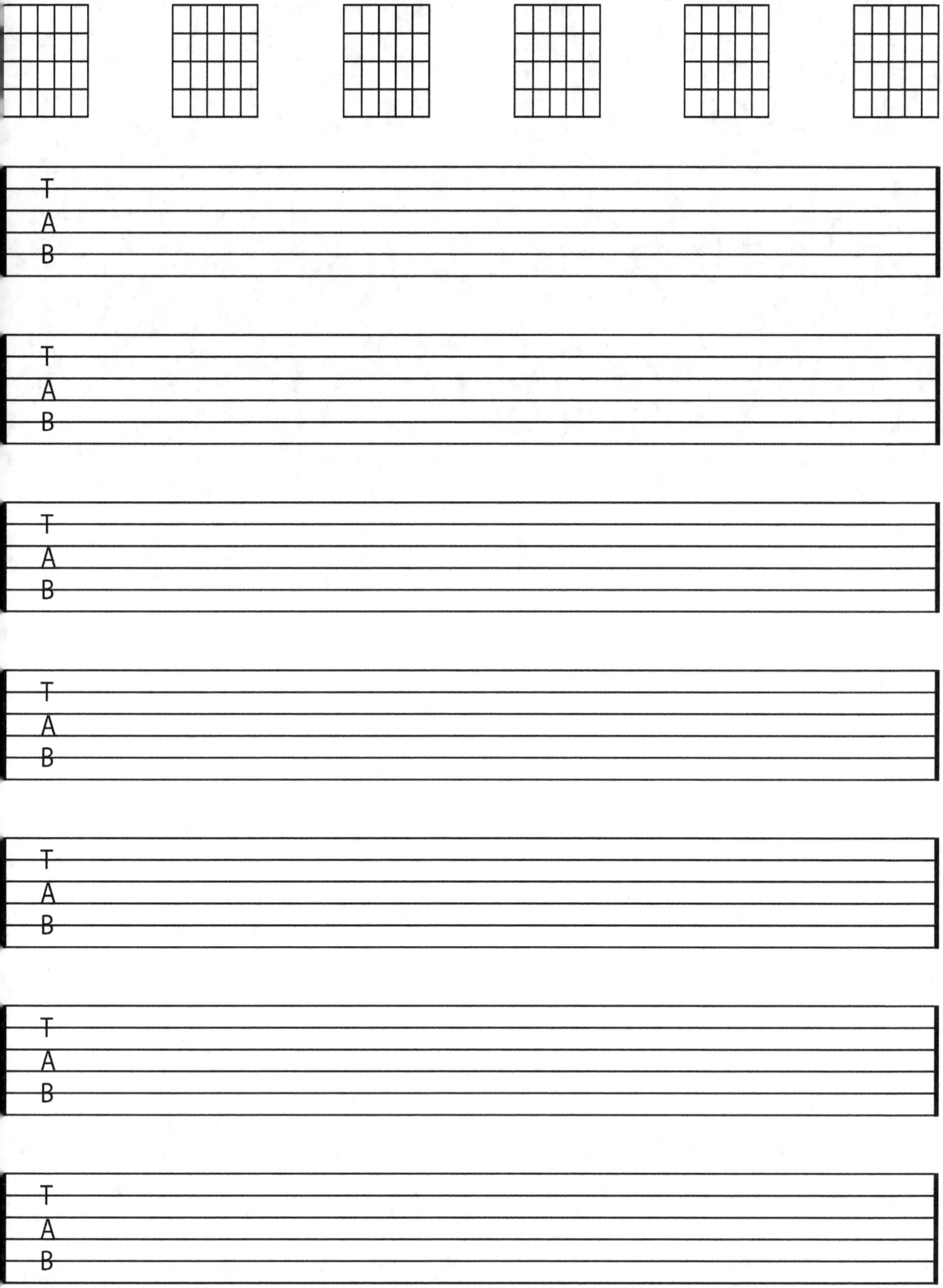

T
A
B

T
A
B

T
A
B

T
A
B

T
A
B

T
A
B

T
A
B

T
A
B

T
A
B

T
A
B

T
A
B

T
A
B

T
A
B

T
A
B

T
A
B

T
A
B

T
A
B

T
A
B

T
A
B

T
A
B

T
A
B

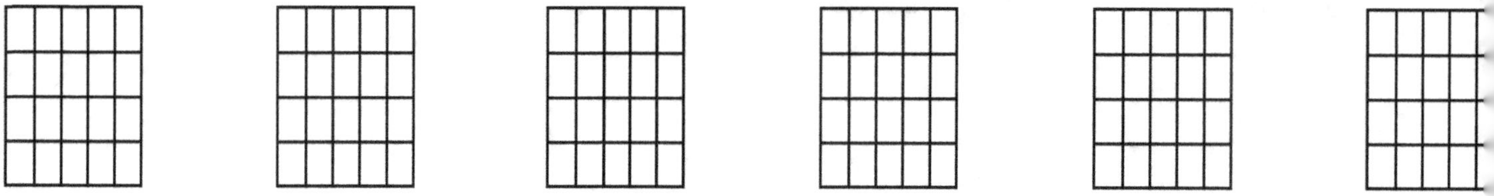

T
A
B

T
A
B

T
A
B

T
A
B

T
A
B

T
A
B

T
A
B

T
A
B

T
A
B

T
A
B

T
A
B

T
A
B

T
A
B

T
A
B

T
A
B

T
A
B

T
A
B

T
A
B

T
A
B

T
A
B

T
A
B

T
A
B

T
A
B

T
A
B

T
A
B

T
A
B

T
A
B

T
A
B

TAB

TAB

TAB

TAB

TAB

TAB

TAB

www.ingramcontent.com/pod-product-compliance
Lightning Source LLC
Chambersburg PA
CBHW081340160726
48000CB00010B/3175